15C
2
REISEHANDBUCH
Koh Samui
2A

KOH SAMUI

VOM UNTERWEGS VERLAG

Verlag Unterwegs

IMPRESSUM

Dies ist eine Originalausgabe der
Unterwegs Verlag GmbH
Auf der Höhe 6,
D-78224 Singen,
Tel. +49 (0) 7731 838-0,
Fax +49 (0) 7731 838-19,
info@unterwegs.de,
www.reisefuehrer.com, www.unterwegs.de

Autor: Thomas Schlegel
Fotos: Nicole Mateja, Cedric Gruber, www.shutterstock.com, www.unsplash.com, www.pexels.com,
Inselkarten und Ortspläne: www.shutterstock.com
Herstellung/Layout: Cedric Gruber
Titelbild: Das Titelbild zeigt den Silver Beach auf Koh Samui

ISBN 978-3-86112-374-3

Haftungsausschluss
Alle in diesem Buch enthaltenen Angaben, Daten usw. wurden von den Autoren und dem Verlag nach bestem Willen erstellt und mit größter Sorgfalt überprüft. Gleichwohl sind inhaltliche Fehler nicht vollständig auszuschließen. Daher erfolgen die Angaben usw. ohne jegliche Verpflichtung oder Garantie des Verlages oder der Autoren. Beide übernehmen keinerlei Verantwortung und Haftung für etwaige inhaltliche Unrichtigkeiten.

Bibliografische Information der Deutschen Nationalbibliothek
Die Deutsche Nationalbibliothek verzeichnet diese Publikation in der Deutschen Nationalbibliografie; detaillierte bibliografische Daten sind im Internet über http://dnb.d-nb.de abrufbar.

INHALT

KOH SAMUI ÜBERBLICK

KULTUR

WISSENSWERTES

UNTERWEGS AUF KOH SAMUI

STRANDLEBEN

DIE SÜDKÜSTE

DIE WESTKÜSTE

KOH PHA NGAN

KOH TAO

KOH SAMUI

Koh Samui – Vom Aussteigertraum zur Urlauberbastion

Weiße, paradiesische Strände vor dem sonnengefluteten Meer und pure Inselromantik verkörpern unsere Urlaubsträume von Koh Samui. Das Fernweh wird genährt durch fernöstliche Exotik, diesem einzigartigen Dreiklang von Kokospalmen, dem „Land des Lächelns" und der Gelassenheit von Big Buddha, dem Wahrzeichen der Insel und unangefochtenen Fixstern in der Spiritualität Samuis.

Man wird auf Aufregendes, Fremdes und Unbekanntes stoßen. Schon bei den ersten Schritten, in den Straßen, auf dem Markt. Nicht das ganze Geheimnis der Thai-Küche und ihre Rezepturen werden dort offenbar. Aber eine kaum zu widerstehende Verführung sind die verlockend duftenden Garküchen schon. Dennoch sollte man nicht gleich gnadenlos zuschlagen und sich erst einmal mit einigen Kleinigkeiten begnügen, denn selbst der robusteste Magen muss sich erst einmal an das tropische Klima, die ungewohnten Ingredienzen und die eigenwillige Kochkunst der Straßenköche gewöhnen. Schließlich wollte man doch endlich den lang erträumten Anfängerkurs im Tauchen auf Koh Samui oder Koh Tao machen und die Insel verwegen mit dem Roller oder Moped erobern – unter der Sonne und gegen den Wind, der von Freiheit und Abenteuer erzählt.

Koh Samuis Besucher mögen sich nach einer Woche Inselleben vorkommen, als wären sie in ein Zeitloch gefallen. Dort ticken die Uhren anders, regiert der König „Zeit". Eine hektische Geschäftigkeit existiert hier nur nachts, wenn die am Tage schläfrigen Straßen erwachen und Bars und Restaurants zum Vergnügen locken. Tagsüber ist grenzenlose Ruhe angesagt: Bücher lesen, E-Mails schreiben, am Strand liegen, schwimmen und schnorcheln, dösen, sich massieren lassen und auf den Abend warten. Sogar auf Koh Tao geht es tagsüber ruhig zu, weil die meisten Besucher in der Geräuschlosigkeit verschwinden und auf dem Meeresgrund spazieren gehen. Weil Koh Samui sehr klein ist und man die Insel an einem einzigen Tag umrunden kann, ist das „Abarbeiten" aller Ausflüge und Besichtigungen, die man sich vorgenommen hat, ohne jeglichen Stresstest möglich. Unbedingt empfehlenswert sind Exkursionen zu den Nachbarinseln Koh Pha Ngan und Koh Tao.

Sie werden zwar immer weniger, aber noch gibt es sie: Alt-Hippies, die gerne davon erzählen, dass früher alles anders war und Koh Samui nichts mehr mit dem ehemaligen Paradies zu tun hat, das vor fünfzig Jahren von den Blumenkindern als Geheimtipp gehandelt wurde und heute, dem Massentourismus zum Opfer gefallen, jeden Charme verloren hat. Diese Leute haben etwas noch so erlebt, wie es uns nicht mehr zu Teil werden kann. Jene sollten aber nicht vergessen, dass sie es waren, die, nachdem sie dem Paradies den Rücken zugewandt, nicht klug genug waren, das Geheimnis zu wahren und darum bald Heerscharen von Fernreisenden diesen Garten Eden mit eigenen Augen sehen wollten. Die ehemaligen Aussteiger hat es längst andernorts hinverschlagen, sind, zwar nicht in gleicher Anzahl, durch ausgewanderte Inselresidenten mit Geschäftssinn ersetzt worden. Koh Samui sollte man tatsächlich so schnell wie möglich besuchen, denn die Farben dieses Inselkleinods sind am Verblassen und werden bald nur noch im Kopf eines angegrauten Hippies existieren, um irgendwann mit ihm begraben zu werden. Die Nachbarinsel Koh Pha Ngan wird oft mit Koh Samui verglichen, wie es dort vor dreißig Jahren ausgesehen hat.

Ein trauriger Anlass rückte Koh Samui vor Jahren ins touristische Blickfeld. Denn eine Folge des ver-

Sonnenuntergang am Strand im Gebiet Taling Ngam auf Koh Samui

Blick über Koh Samui und Stadt Chaweng

heerenden Tsunami im Dezember 2004 im Indischen Ozean war die Zerstörung der Infrastruktur der thailändischen Touristenzentren Phuket und Khao Lak. Seitdem hat sich die Anzahl der Pauschalreisenden nach Koh Samui, das unbeschadet blieb, weil es „auf der anderen, der vor Tsunamis sicheren Seite" im geschützten Golf von Siam liegt, vervielfacht.

Die Tourism Authority of Thailand und umtriebige Touristikplaner globaler Reisekonzerne setzen für Koh Samui auf Massentourismus, der ihnen die größtmögliche Cashflow Rendite verspricht. Natürliche Ressourcen und der Reichtum der Natur in ihrem gefährdeten Bestand stehen da erstmal hinten an. Der inseleigene Flughafen schuf die Voraussetzung und eine um sich greifende Zersiedlung des gesamten Nordostens Samuis und der Ostküste sind sichtbare Zeichen einer anthropogen überformten Landschaft.

Es sind nicht nur Backpacker, die dem Abenteuer und der verflogenen Pionierstimmung nachtrauern, wenn sie in Surat Thani übernächtigt auf die Fähre nach Nathon warten. Reisende jeglicher Coleur, die früher schon einmal hier waren oder Vergangenes von Erzählungen kennen und mit viel zu hohen Erwartungen anreisen, werden von der real existierenden Wirklichkeit ernüchtert oder gar enttäuscht. Ob Chaweng, Big Buddha Beach oder Lamai, statt kulturelle Identität gibt´s eine Agglomeration von auf Luxus getrimmten Resorts, Restaurants und Nippesläden, vieles auf nobel und schönen Schein gemacht, der Ärmliches und weniger Schönes aber nicht kaschieren kann. Und was es noch gibt? Urlaub aktiv und Zerstreuung total: Am, auf und im Wasser sind es Jet-Ski, Wasserski, Surfen, Flyboarding, Paragliding und Kitesurfen, dazu Kayakfahren, Tauchen und Schnorcheln. Landeinwärts und bergauf, bergab Offroad-Jeep Safaris und für Tarzans Nachfahren „Ziplining" von Baumkrone zu Baumkrone und durch den verbliebenen Dschungel. Und für diejenigen, denen das nächtliche Amüsement nicht zur Genüge reicht, die legendären Vollmondpartys am Hat Rin auf Koh Pha Ngan, die so legendär sind, dass es sie inzwischen vielerorts auch als Halbmondpartys, Neumondpartys oder welcher Mond auch immer gibt!

Loy Krathong – das Lichterfest

An diesem Abend, in dieser Nacht macht sich Samui besonders hübsch. Es scheint, dass alle Samuianer nur die Dämmerung und Nacht herbeigesehnt haben, um im Festtagsgewand endlich ihre Lichtlein zu entzünden. Es ist eine ureigene Angelegenheit der Thai, doch auch Farangs, also Ausländer, sind willkommen, um dem Schauspiel zuzusehen, oder sie können selbst ihr Lichtlein entzünden und es ins Wasser setzen.

Loy Krathong, das Lichterfest, wird in Thailand seit Menschengedenken Ende November in der Vollmondnacht des zwölften Mondmonats gefeiert. Es soll hinduistischen Ursprungs sein und aus Indien stammen, wo es Teil der Danksagung an die Gottheit des Ganges war. Auf dem großen Fluss konnten Menschen und Güter „reisen" und er brachte lebensnotwendiges Wasser. Für all den Schmutz und die Verunreinigungen, deren man sich am Flussufer entledigte, sollten die Flussgeister milde gestimmt werden. Auch fernab von Indiens großem Strom ist Loy Krathong ohne Wasser undenkbar und die kleinen erleuchteten

Tausende fliegende Laternen am Loy Krathong Lichterfest

Schiffchen sollen die Flussgöttin Phra Mae Khongka ehren, ihr danken, sie um Verzeihung bitten für Vergangenes und um Glück für das, was da kommen wird.

„Loy" bedeutet schwimmen, ein „Krathong" ist ein kleines Boot aus Bananenstämmchen oder -blättern als Floß, um die brennenden Kerzen über Wasser zu halten. Die Krathongs werden verziert, oft als Lotusblüte, manchmal als Schwan und mit Kerzen, Räucherstäbchen, Wunschzetteln und Blumen beladen, Haare oder Münzen sollen weitere Glücksbringer sein. Bevor die Krathongs zu Wasser gelassen werden, zündet man Kerzen und Räucherstäbchen an und die Gläubigen sprechen ein kurzes Gebet, ihre Wünsche aus und erbeten sich Glück, die Reinheit der Seele und das Loslassen von Sorgen. Wenn das Schiffchen den Fluss hinab oder aufs Meer hinaustreibt solange erleuchtet bleibt, bis es aus dem Blickfeld verschwindet, soll dies alles in Erfüllung gehen. So sagt man.

Auf Koh Samui sind die bekanntesten Orte des Lichterfestes bei Big Buddha, der See von Chaweng, Mae Nam, Fisherman´s Village, der Hafen von Nathon und Lamai im Bereich der „Walking Street" und Lagune. Traditionelle Krathongs und schwimmende Körbe sind handgefertigt, werden jedoch vermehrt durch Kunststoffschwimmer etc. ersetzt, die Händler entlang der Ufer vertreiben. Und wie es sich für ein überliefertes Kulturgut gehört, werden in dieser Nacht thailändische Tänze wie Ram-Wong, Folklore und Musik zelebriert, manchmal mit einem großen Lagerfeuer, Feuerwerk, kulinarischen Spezialitäten, Schönheitswettbewerben wie der „Noppamas Queen Contest" und – diese wirklich wunderschön – den „Khom Fai", Himmelslaternen, die lautlos in die Nacht schweben.

Während manch findiger Hotelmanager in dieser Nacht den Swimmingpool mit Kunststofflichtchen ausstaffiert, werden anderswo – im Namen der Nachhaltigkeit – Restriktionen durchgesetzt, sind in Thailands Hauptstadt Feuerwerk-Shows und das Entzünden von Himmelslaternen verboten, und um die „Meere nicht noch stärker zu verschmutzen", sind statt Plastik-Krathongs nur noch solche aus Bananenblättern und Brotteig erlaubt.

Wie auch immer, Loy Krathong ist ein faszinierendes Erlebnis, wenn Tausende von Lichtern das Meer und an manchem Ort den Himmel in der Stille der Nacht zum Flackern und Leuchten bringen, so meditativ wie romantisch, und wieso soll man sich nicht mit einem eigenen Lichtschiffchen dem „Loslassen aller Sorgen" hingeben – oder wenigstens davon träumen?

Im Land der Kokosnuss: Makaken schuften für Samuis Reichtum

Ihre Anzahl ist Legende. Über zwei Millionen Kokospalmen soll es auf Samui geben. Speziell die Kokosmilch ist der Exportkracher der Insel, seit jeher die unbestrittene Nummer eins und wichtigster Wirtschaftszweig, bis die Insel vom Tourismus okkupiert wurde. Und wie die Kokosnuss für die Insel stehen die Ernteprofis im Fokus des Disputs zwischen Tradition und Tierschutz. Denn Profis sind sie allemal, die Makaken, die, bereits als Babys vom Muttertier getrennt, in Affenschulen ihr Handwerk zu erlernen haben. Sie durchlaufen mit Drill, „wohldosierten" Schlägen, Gebrüll und ständig in Ketten mehrere „Klassenstufen" bis zur vollendeten Meisterschaft, mit der sie wieselflink und gewandt, wie Makaken nun mal sind, in den Palmkronen herumturnen, unreife von reifen Nüssen zu unterscheiden wissen und die Früchte so geschickt drehen, bis der Strang reißt und sie auf den Boden fallen oder von ihnen eingesammelt werden. Die Ausbildungskosten sind enorm, doch die Klassenbesten bringen es auf Erntemengen von weit über tausend

Kokosnüsse pro Tag, machen ihre Eigentümer zu angesehenen, reichen Leuten. Wer, wenn nicht die Affen, sollte sonst in schwindelerregende Höhen klettern und solch reiche Beute ergattern?

Andere Länder wie Indonesien oder die Philippinen, wo auch die Kokospalme wächst, haben es vorgemacht: Für alternative Erntemethoden, mit traktormontierter Hydraulik, Aufzügen, Seilgewinden und Bambusstangen, eignen sich nur Palmenarten, die nicht bis 30 Meter in die Höhe schießen, und die Bereitschaft, sich mit einem geringeren Ertrag zufrieden zu geben.

Bis dahin wird es auf Koh Samui so bleiben, wie es ist. Inspektionen des Tierschutzes wegen werden zwischen Farmern und Behörden ausgemauschelt, und weil Makaken nicht wie Hunde Haustiere, sondern wilde Tiere sind, werden sie am engen Metallhalsband angekettet – mögen die noch so sehr fauchen, die Zähne fletschen und an ihrer Kette zerren – und dem Willfahren der „Herren" ausgeliefert bleiben. Am Bambuspfahl in „wohlverdienten" Pausen, in längerer „Führung" für die Palmenkletterei, und selbst der betagte Ruheständler wird sein „wohlverdientes" Rentnerdasein (der in all den Arbeitsjahren nie eine Lohntüte zu Gesicht bekam) in einem Déjà-vu in Ketten verbringen.

Die meisten Kokosernter stammen aus der Affenschule in Surat Thani auf dem Festland nahe der Fährstation, andere aus Hua Thanon im Südosten Koh Samuis oder Bophut. Und weil in diesem Sektor die Grauzone aber auch so richtig dunkelgrau ist, lassen lokale Plantagenbesitzer Makaken auch unlizenziert abrichten und auf die Bäume hochtreiben. Von Seiten des zuständigen Ministeriums zeigt man sich aufgeschlossen gegenüber den Belangen des Tierschutzes – immerhin werden die Primaten ja nicht tagtäglich win-

delweich geschlagen –, und pusht dennoch Koh Samuis Affenschulen zur Touristenattraktion, so dass die traurigen Zeitgenossen nebst ihrer Schufterei in den Palmwipfeln sich in Monkey Theatres fürs Amüsement der Touristen zum Affen machen lassen müssen.

Ohne die Peta-Kampagnen ignorieren zu wollen – auch weil es zu Koh Samui gehört wie die Kokospalmen – exemplarisch ein Ort, der sich der „Begegnung" von Makaken und Besuchern widmet:

Samui Monkey Center,
Lipa Noi (im Süden von Nathon),
Tel. +66 81 6067871,
info@samuimonkey.com,
www.samuimonkey.com

Büffelkämpfe

Was dem Latino sein Hahnenkampf, sind dem Samuianer seine behörnten Kampfkolosse. Weniger blutig, weniger hysterisch, doch ein Spektakel fürs Volk ist´s allemal und längst an voyeuristische Touristen beworben – doch nur auf Samui, denn im übrigen Thailand sind die Kämpfe der Wasserbüffel verboten. Als Volkssport deklariert, ist´s für Laien nur ein bulliges Kopf-an-Kopf-Geschiebe à la Sumo-Ringen. Wer über die Markierung zurückweicht oder aus der Arena flieht, verliert. Größere Verletzungen gibt´s kaum, die meiste Action geht von den Besitzern und Kampfanimateuren aus – oder geschieht für uns im Verborgenen. Denn die Einheimischen verwetten – für ihre Verhältnisse – horrende Summen auf den Kampfausgang. Vor dem Kampf besprühen Mönche die mit bunten Bändern und goldfarbenen Blättern herausgeputzten Wasserbüffel mit Weihwasser. Es gibt mehrere Arenen auf Samui, oft nur ein freier Platz, eine Lichtung unter Kokoshainen, von Bambusmatten oder Kokosblättern umgeben als Sichtschutz gegen Zuschauer, die keinen Eintritt bezahlen wollen. Informationen über Kämpfe, Orte und Zeiten bekommt man bei der TAT in Nathon oder über Straßenplakate. Lipa Noi im Süden Nathons ist ganz ursprünglich, Chaweng auf Touristen eingestellt und das „Living Thailand Kulturcenter" im Süden der Insel präsentiert´s folkloristisch, in der Rubrik „Land und Leute" als Einblick in Tradition und Landleben. Das ganze Jahr über, vor allem nach der Reisernte, wird gekämpft, Höhepunkt ist das Buffalo Fighting Festival zum thailändischen Neujahrsfest Songkarn im April.

Chak Phra – „Buddhas Wiederkehr"

Das Chak Phra beginnt im elften Mondmonat am ersten Tag des abnehmenden Mondes. Weil der Zeitpunkt durch den Mondkalender definiert ist, ist das Datum jedes Jahr ein anderes. Konstant ist, dass es über eine Woche dauert und normalerweise in den Monat Oktober fällt. Das buddhistische Chak Phra Festival ist eine südthailändische Angelegenheit mit dem Höhepunkt in Mueang Surat Thani entlang des Tapi-Flusses, direkt gefolgt von Koh Samui und Koh Pha Ngan. Chak Phra gedenkt der Rückkehr Buddhas über die Kristallleiter vom Tavatimsa-Himmel auf die Erde und markiert heutzutage das Ende der dreimonatigen Regenklausur der buddhistischen Mönche (Phansa).

Chak Phra bedeutet wörtlich „Ziehen buddhistischer Mönche" oder „Ziehen von Buddha-Bildnissen" und wird beim Herzstück oder Finale des Festes offensichtlich, wenn in Nathon auf Koh Samui oder Thong Sala auf Koh Pha Ngan in einer Eruption knallbunter Farben Paraden zu Wasser und zu Land abgehalten werden. Basis sind Flöße, Land- und Zeremonienwagen oder von Mönchen gezogene Karren, auf denen Darstellungen des Lebenszyklus von Buddha, Drachen, Schlangen, Brahma, Indra, Nagas und Fabelwesen installiert sind, in einem Aufwand und einer Detailversessenheit, dass sie jeden Rosenmontagsumzug bei uns in den Schatten stellen würden.

Chak Phra ist Bühne für das Tanztheater „Manora" oder kurz „Nora", die ob ihrer unnachahmlichen Bewegungstechnik und Ausdruckskraft von der Unesco 2021 in die Liste des Immateriellen Kulturerbes der Menschheit aufgenommen wurde. Nicht vertraut mit buddhistischen Überlieferungen oder dem komplexen synkretistischen Glaubenssystem Thailands und speziell Koh Samuis oder Koh Pha Ngans, von denen sich Handlungsmuster, Akteure und Dramaturgie der Manora nähren, hat es für kulturfremde Besucher allemal den Reiz von purer Exotik und sinnlicher Anmut, inklusive einer inhärenten Komik, etwa bei der Darstellung von Kinnari, die oben Frau, unten aber Schwan ist, oder der maskierte Dämon mit roter Phallus- oder Pinocchio-Nase ... und Poesie, etwa bei der Jataka, dem Geburtsepos oder Geschichten der vielen vergangenen Leben des Buddha.

Profaner ist das Spektakel der mit Eifer und Verbissenheit ausgeführten Langbootrennen, bei denen sich die Stimme des Kommentators aus den Lautsprechern überschlägt und das kreischende Publikum zu übertönen trachtet, bis endlich Sieger und Siegerinnen gekürt werden. So bleibt es fast unbemerkt, dass nach drei Monaten des Fastens und Betens, während der sie ihre Klöster nicht verlassen durften, die Mönche an Chak Phra wieder in die Öffentlichkeit zurückkehren und – wie damals Buddha bei seiner Wiederkehr – mit Gaben und Leckereien reichlich bedacht werden. Für sie sind die Spendenbäume, „chak phum pha pa", vor den Häusern aufgestellt, die auch mit Geldscheinen zum Erhalt der Klöster dekoriert sind. „Thot Kathin" heißt die Zeremonie, bei der buddhistische Mönche neue Roben erhalten.

Zeremonie hin, Prozession her, der gute Glauben fußt auf einem wohlgenährten Bauch – die Buddha-Bildnisse zeigen es allen, die es bis dato nicht wussten: Wenn Thailand feiert, ist es immer auch ein Fest seiner Köche. Chak Phra ist eine geballte Bastion an Garküchen, ambulanten und stationären Marktständen und hat seine festspezifische Spezialität: „Khanom tom", was wörtlich eigentlich nur „gekochter Snack" bedeutet, steht dann für „Glaube und Großzügigkeit", denn es wird für alle teilnehmenden Protagonisten von Chak Pra in den Tempeln der Stadt zubereitet und besteht aus Bällchen mit gekochtem Klebreis, eingehüllt in Kokosraspeln.

„The Jungle Club", ähnlich wie „The Roof Samui"

The Roof Samui – A Place with a View

Es ist eine Herausforderung, aber durchaus eine machbare: die An- oder Auffahrt mit dem Roller zu „The Roof Samui", an einigen Stellen etwas sehr steil, aber – so sagen wir uns – je steiler der Anstieg, umso weiter werden dann oben unsere Blicke schweifen. Koh Samui rühmt sich einer stattlichen Anzahl von Aussichtspunkten, einige einfach so auf die Anhöhe oder den Berg gezimmert, einige mit Bewirtung und Parkwacht und einige, die von couragierten Gastwirten – sich der herausragenden Lage ihres Lokals bewusst – zum Wohlfühlort mit einer überwältigenden Perspektive über Landschaft, Vegetation und Meer geschaffen wurden, dem sie ihre lukullische Erdung mit einer preislich wohldosierten Speisekarte verleihen. Ein solcher Ort ist „The Roof Samui". Genauso gut hätten wir „The Jungle Club" auswählen können, der gar nicht so weit weg mit ähnlicher Location, Speisekarte und Ausblick aufwartet.

Der Landschaftsarchitekt hat seine Sache gut gemacht, das Gelände für drei Plattformen terrassiert und einen guten Teil mit Palmdächern vor Regen und Sonne gesichert. Für schwindelfreie Gäste gibt´s einen mit einem Stahlnetz überspannten Vorsprung direkt über dem Abhang:

Sittin´ on top of Samui ... Sitzkissen in uniformen Farben, türkis und orange, verbreiten einen Hauch von ungezwungener Lässigkeit. Die Aussicht ist schön: unter einem Chaweng, Richtung Horizont Koh Pha Ngan, viel Meer – und der Flughafen, weniger schön wie die touristische Zersiedlung im Nordosten Koh Samuis, dafür ehrlich. Ein guter Platz, um zu sinnieren, um zu lesen und zu schreiben, innezuhalten vor dem Trubel von Bophut, Lamai und Chaweng – wenn man früh hier ist, hat man den Ort manchmal fast für sich alleine. Später überfordert der Anmarsch der Gäste das Personal. So wenig, wie wir des Thailändischen mächtig sind, so sehr steht dieses mit Englisch auf dem Kriegsfuß, suboptimal, weil dieses Restaurant komplett auf ausländische Gäste ausgerichtet ist. An der Speisekarte (immerhin schön bebildert), verfasst für klassische Ausflügler, die kaum wiederkehren werden, orientieren sich die Gäste – und Köche.

Der Abgang des Gastes wird zur größten Herausforderung. Wo beim Anstieg ob der Steilheit der Motor zu stottern und keuchen begann, sind jetzt die Bremsen und das Gottvertrauen des Fahrers gefordert! Jetzt sind deutlich diejenigen im Vorteil, die bei der Anmietung des Rollers die Bremswirkung gründlichst gecheckt haben, oder Gäste in Gruppenstärke, die telefonisch den Pickup-Truck des Restaurants für einen Shuttle ab Chaweng geordert haben.

The Roof Samui,
Soi Tong Kail 55/23,
Baan Chaweng, Bophut,
Tel. +66 65 5478898,
theroofsamui@gmail.com,
www.theroofsamui.com, tägl. 11-22 Uhr

Alternatives Panorama mit ähnlichem Ambiente und Bewirtung: Jungle Club, Soi Panyadee, Chaweng Noi Beach, Tel. +66 81 891863 (Restaurant). Der Jungle Club ist ein Boutique Resort, so dass diejenigen, die nur der Aussicht wegen hierherkommen, außen vor bleiben und selbst auf der „Insel des Lächelns" nur finstere Blicke des Nicht-willkommen-Seins ernten. Als Konsument im Restaurant gehört man jedoch auch als Fremder dazu. Der Sprung in den Swimmingpool ist allerdings nur „stationären" Resortgästen vorbehalten. Hinkommen: Dort, wo die Ringstraße 4169 den Chaweng Noi Beach passiert, zweigt man landeinwärts ab (ausgeschildert). Mehrere Streckenabschnitte haben eine fulminante Steigung, die einen kräftigen Motor erfordert.

Songkran – ready to get wet

Das Wort „Songkran“ stammt von „sankranti“ (Sanskrit) und bedeutet „Überwechseln in ein anderes Tierkreiszeichen”. In ein neues Jahr. In Thailand gibt es deren viele. Seit der Umstellung auf den gregorianischen Kalender gilt als offizielles Datum der globale 1. Januar, worauf über einen Monat später das chinesische Neujahr – es gibt eine große chinesische Gemeinde im Land – und Mitte April schließlich das buddhistische folgt. Dies ist in Thailand das eigentliche Neujahr: Songkran, festgesetzt auf den 13. April, wird drei Tage lang im ganzen Land gefeiert. Nicht ganz. Auf Koh Samui dauert Songkran nur einen Tag. Fällt der 13. April auf einen Sonntag, verschiebt sich die Neujahrsfeier auf den kommenden Montag, den 14. April. Es ist der Thai wichtigster Tag im jährlichen Festkalender, fußt auf einer Jahrhunderte alten Tradition, hat originär religiöse Wurzeln – und manch einen tiefgläubigen Buddhisten wird es Schaudern machen, was aus alledem geworden ist, er würde bestimmt auf Koh Samui traurig werden und nach Chaweng, der

Hochburg der Songkran-Aktivitäten auf der Insel, niemals gehen.

Ursprung und Wesen des Songkran sind die Erneuerung und Säuberung der Seelen und materiellen Dinge. Songkran beginnt damit, dass die Menschen ihre Häuser mit vollgefüllten Wassereimern blitzeblank putzen und reinigen, mit der traditionellen Waschung der Buddha-Statuen in allen Tempeln und auch die Familienältesten und Großeltern werden mit etwas Wasser übergossen, bekommen zudem weißes Babypuder ins Gesicht gerieben. Bereits vorbereitete Speisen für die buddhistischen Tempelzeremonien werden dorthin gebracht und vor dem Beten den Mönchen als Gaben übergeben. Es ist seit jeher Brauch, dass sich die Leute zur symbolischen Reinigung mit viel Wasser und ein bisschen Farbe bespritzen, je später der Tag, umso ausgelassener.

Songkran in Thailand ist heute profaner. Was in den Familien oder bei den Feiern im Tempel passiert, bleibt dem Fremden verborgen. Was man zu oder ins Gesicht bekommt, hat wenig mit dem hehren Gedanken zu tun, den anderen mit Wasser zu segnen. Fernab der ländlichen Tradition ist´s in den Metropolen die Gelegenheit für ein pitschnasses Remmidemmi, neigen die jungen Thais bei ihren Attacken zur Übertreibung und Songkran scheint zum Rowdy-Tag zu verkommen.

In Koh Samui hat Songkran Züge von Spring Break oder Mardi Gras, haben sich längst Urlauber unter die feiernden Samuianer gemischt und in der Hauptstraße von Chaweng gar die numerische Überlegenheit für die Wasserschlacht. Bei dieser ziehen die Leute durch die Gassen, stehen und tanzen am Straßenrand, bestückt mit Wasserpistolen oder -pumpguns, hie und da ein unvorbereiteter Tourist bloß mit Wasserflasche oder gar nur Becher, während von den Ladeflächen der herumfahrenden Pick-ups Wasser aus Kanistern, Eimern und Fässern auf die Passanten herunterprasselt, mit dem unerwarteten Überraschungseffekt, dass einige Eisklötze mit im Wasser schwimmen. Während die Urlauber oft die besseren Waffen, also größten Pumpguns haben, haben die Samuianer den Vorteil, einfacher und in größeren Mengen an Wassernachschub zu gelangen. So oder so, diese Schlacht in vollen Litern und Gallonen endet in einem Patt oder versandet im diffusen Durcheinander, haben längst

Schaumpartys, DJs und alkoholische Happy-hour-Saufpakete für ein Sich-Auflösen der Frontlinien gesorgt.

Wer auch immer als Akteur am Songkran-Trubel teilnehmen will, sollte mit einigen Grundsätzen des „Kriegsrechts“ vertraut sein: Kein Wasser auf Mönche, Babys oder alte Menschen! Kein Wasser auf fahrende Roller und Motorräder (an Letzteres hält sich allerdings kaum jemand), es gilt das „Sanuk“, was so viel heißt wie „Spaß haben”, wobei man also die feste Überzeugung hat, dass dies alles lustig ist und man, sollte man selbst eine geballte Wasserladung oder von einem Wildfremden einen Kübel Wasser über den Kopf gestülpt bekommen, sich deswegen niemals beleidigt zeigt. Zu den wichtigsten Schutzmaßnahmen gehören wasserdichte Verpackungen, Plastiktüten und Umhängetaschen für alles, von dem man meint, darauf an diesem Tag auf der Gass´ nicht verzichten zu können, und das Wissen, dass weniger das Babypuder, mit dem man ständig beschmiert wird, sondern die Färbemittel, die manch einer als Zusatz im Spritzwasser verwendet, ihre Spuren auf der Kleidung hinterlassen werden.

Khao Hua Jook Chedi: der „Goldene Tempel“

Der Khao Hua Jook Chedi ist alles andere als die Primadonna unter Samuis Tempeln. Eher klein, unscheinbar und, obwohl direkt in Chaweng angesiedelt, kaum besucht. Deswegen bestens geeignet, sich auf die Spuren von Gautama Buddha Superstar zu machen, weil kein geballter Ansturm von fotojagenden Urlaubern die Ruhe und meditative Stimmung stören, allemal einige streunende Katzen und krähende Hähne. Wie die ambulanten Garküchen Gaumen und Bäuche der Samui dominieren, bestimmt der „Erleuchtete“ den religiösen Kosmos, ihre Spiritualität und ihren Glauben – und ist als Bildnis, oft als mit wuchtigem Bombast die Blicke auf sich ziehende(n) Statue(n) für Besucher bereit gemacht.

Es sind nur 500 Meter, die von der Hauptstraße Chawengs zu dessen Hausberg Chom Daow zum „Goldenen Tempel“ hinaufführen. Allerdings ein halber Kilometer, der es in sich hat. Weil es sich oben beim Eingang einfach parken lässt und der Bequemlichkeit wegen, kommen die meisten der Wenigen mit dem Roller. Doch ein „wahrer“ Pil-

ger geht zu Fuß, wird alsbald merken, es ist sehr anstrengend, raubt die Atemluft und öffnet die Poren. Das letzte Stück ist eine steile Treppe, viele schattige Sitzbänke sind die willkommene Ruhezone und Abkühlung vor dem Rundgang.

In und am Khao Hua Jook Chedi stößt man auf viele goldene Buddha-Skulpturen, Bildnisse und Idole. Im Inneren des auch als Zeremonienhalle genutzten Tempels lenkt die Kolonnade der Säulen den Blick direkt auf die Buddha-Statuen der Rückwand. Der zentrale, die anderen überragende Buddha hat die Mudra (Handhaltung) der „Bhumisparsa", der Anrufung der Erde, bei der die rechte Hand lose über das rechte Knie zum Lotospodest hängt. Die linke ruht mit der Handoberfläche nach oben auf dem Schoß, wobei die Handfläche dem Buddha zugewandt ist. Zum Ursprung dieser Symbolik: Kurz vor seiner Erleuchtung berührte der während einer langen Meditation unter dem Bodhi-Baum sitzende Gautama die Erde, um die Erdgöttin (Thorani) als Zeugin anzurufen, dass er den Versuchungen des Bösen widerstanden hat.

Eine Treppe führt hinauf zur Plattform des Chedi, des glockenförmig sich nach oben verjüngenden Bauwerks mit der schlanken Spitze, das Buddha selbst und seine Lehre, den Dharma, symbolisiert und in dem Reliquien des Buddha aufbewahrt sein sollen. Es ist der erhabenste Teil des „Goldenen Tempels" und wird von Buddhisten bei der „Pradakshina" mit Gebetsmühlen unermüdlich im Uhrzeigersinn umkreist. Vor dem Chedi thront eine nicht allzu große Buddha-Figur, auch sie mit der Mudra der „Bhumisparsa", der Erdberührung, und vermag mit gelassener Leichtigkeit und freundlich einnehmendem Blick unsere Sinne zu rühren. Ja, er könnte unser Freund werden. Urlauber, die hierherkommen, tun dies fast alle wegen der Aussicht, immerhin gibt es den 360-°-Rundumblick, doch der See von Chaweng, die ins Meer zerlaufende Landschaft und vor allem die komplette Landebahn des Flughafens sind kein überwältigendes Panorama. Für einige Baht Eintrittsgebühr gibt´s ein farbiges Armbändchen, das man oben an eine Kette knoten kann, um sich des für einen kommenden „Glücks" gewiss zu sein, dazu eine Wand mit einem Sammelsurium von buddhistischen Weisheiten bis hin zu abergläubischen Lebensweisheiten, also ein „Good luck!" en masse und als Bonus die Option, sich von einem Mönch segnen zu lassen. Khao Hua Jook Chedi wird mit einbrechender Dunkelheit illuminiert, so dass man den Ort auch abends besichtigen kann, die größte Strahlkraft hat der goldige Chedi allerdings im gleißenden Sonnenlicht.

Chumchon Chaweng Yai Soi 4, Chaweng Beach, Bophut

Khao Pom – die Insel zu Füßen .

Kokospalmen, Puderzuckerstrände und ein in der Sonne tiefblau glitzerndes Meer: Das ist Koh Samui in unserer Vorstellung. Dabei ist die Insel die Spitze eines imposanten Gebirgszuges, der im Laufe der Erdgeschichte im Meer versank. So verwundert es nicht, dass man auf Koh Samui in kürzester Distanz nicht von null auf hundert, sondern gar von 0 Höhenmetern, dem Meeresspiegel, auf über 600 Höhenmetern gelangt, mit der höchsten Erhebung, dem Khao Pom, auf 635 m ü.d.M.

Mehrere Anfahrten sind ab der Ringstraße landeinwärts zum Khao Pom möglich. Ab Ban Saket, Mae Nam, dem Wat Khunaram (gegenüber dem Tempel auf Höhe der Raja-Fähre) oder Lamai, wo man in der Pracharakpattana Road bei der kleinen Brücke zur ausgeschilderten Abzweigung kommt, der üblichen Route, die auch die organisierten Jeep-Safaris wählen, die auf ihren Tagesfahrten die Hotelgäste in Lamai abholen und im Roundabout zudem den Tarnim Magic Garden, das Seaview Restaurant, die Paradise Park Farm oder Jungle Route 360 ansteuern.

Allen Strecken ist gemein, dass sie ein Allradfahrzeug samt geübtem Fahrer erfordern, gibt es doch nicht nur steilste, sondern auch unbefestigte Passagen, viel kaputten Asphalt, Schlaglöcher und als Finale eine holprige Sandpiste zu bewältigen. Also ein Unterfangen mit Abenteuercharakter, aber das ist auch die Teilnahme an einer organisierten Jeep-Tour, wenn man vergeblich im Hotel auf Abholung wartet, weil eine Tour aufgrund zu weniger Teilnehmer ausfällt oder man wegen zu vieler Fahrgäste keinen Platz mehr bekommt.

Weiter oben fährt man durch Regenwald und Fruchtplantagen: Galgant, Mangostan und Papaya werden angepflanzt. Wer mit Aussicht speisen will, kehrt im Sea View Restaurant (Tel. +66 81 2712808) oder im Jungle Route 360 (Tel. +66 81 4772625) ein, bekommt dort jedoch mehr Rundsicht als Geschmack auf den Teller und der dürftige Infinity Pool wirkt provisorisch in die Landschaft gesetzt. Dann doch lieber ganz nach oben und statt der Zufahrt zum Jungle Route 360 die linke Abzweigung gewählt in Richtung Wat Teepangkorn.

Der Wat Teepangkorn nahe dem Gipfel des Khao Pom ist eine buddhistische Stätte, deren Fertigstellung noch nicht abgeschlossen ist. Eine Terrasse, ein Tempel, ein Museum, Podeste mit Statuen chinesischer Tierkreiszeichen wie Drache, Tiger, Kaninchen und Schlange, viel mehr gibt´s (noch) nicht. Aber doch, „Phra Buddha Teepangkorn“ thront erhöht auf einem Sockel. Es ist eine große goldene Buddha-Statue, steht da wie ein antiker römischer Senator, doch sie zeigt ihn in der Varada-Mudra, der Geste des Segnens, symbolisiert Beistand und Gnade. Und für einmal schauen wir nicht ehrfürchtig zu ihm hinauf, dem „Erleuchteten“, sondern mit ihm, haben von unserem Standpunkt die gleiche Perspektive, sehen „mit seinen Augen“ hinab aufs Land, die Küste und das Meer. Es ist uns in diesem Moment egal, ob es im Osten von Koh Samui da unten links Chaweng und rechts Lamai ist, wie die vorgelagerten Inseln heißen, Koh Matlang oder wie auch immer. Der Blick ist einfach nur erhaben.

Zumindest bei gutem Wetter, was nicht immer der Fall ist, wenn der Khao Pom in Wolken gehüllt und die Aussicht diesig ist.

ÜBERBLICK

Mu Koh Ang Thong: Nur Kino ist schöner

Unique, diese Landschaft! Ein Archipel von ins Tiefblau des Meeres geworfenen Inseln. Schroffes Gestein, doch mit Grün in Überfülle überwuchert. So schön für das Auge, dass, wäre man in der Ägäis, es für einen großen Wurf der Götter halten würde. Dazu das Bonmot, dass im Ang Thong Marine Nationalpark Szenen für „The Beach" mit Leonardo DiCaprio gedreht wurden und auf einer dieser Inseln der Funke für das Drehbuch um Aussteiger- und Backpackerromantik oder gar die Suche nach dem verlorenen Paradies übersprang. Dass mit den Dreharbeiten der Filmtross schließlich ganz woanders hinzog, unter anderem nach Koh Phi Phi, spielt keine Rolle. Trotzdem wollen wir hin!

Auf der Fahrt ist´s schnell vorbei mit cineastischer Sentimentalität: Abholung an der Rezeption, im Minivan von Hotel zu Hotel Shuttle-Feeling pur, Einsammlung zum Abdockhafen, dort lapidarer Morgenhappen und Abfahrtroutine (immerhin beruhigen uns die Lufttemperaturen: Wir sind nicht auf den Spuren von „Titanic": Sicherheitsinstruktionen und Eintrittsgebühren. Fürs Paradies? Nein, es ist ein Nationalpark, dessen Tagesgäste in Anzahl und Besuchsverlauf im kommerziellen Kompromiss streng reglementiert sind.

Die Zeit drängt. Ob von Koh Samui oder Koh Pha Ngan, es sind etwas mehr als 1 ½ Stunden bis Ang Thong. Speedboote sind schneller, fahren jedoch oft später los. Ankunft vor der „Dracheninsel" Koh Wao, drei Dutzend Urlauber schnorcheln mit größerer oder minderer Begeisterung im Flachwasser um das Korallenriff. Die Angebote variieren, wer Pech hat, stößt beim ersten Wassergang auf drei, vier bereits dort wartende Urlauberboote und hat durch aufgewirbeltes Sediment eine trübe Sicht, mit Glück jedoch wird man sich im kristallklaren Wasser an ganzen Schwärmen von Fischen und Korallen berauschen. So oder so, nach kaum einer halben Stunde geht´s weiter zur Insel Mae Ko.

Wer zudem Kayaking gebucht hat, kann die letzte Wegstrecke paddelnd zurücklegen, bis direkt an die jäh aufragenden Felswände der Insel und je nach Tiefe unter Überhängen, durch enge Durchfahrten und Höhlen schippern. Die anderen werden mit Langbooten zum Strand gebracht. Für den Strand

reicht die Zeit nicht. Über mehrere steile Treppenstiegen geht´s gleich zum oberen Aussichtspunkt. Eingekesselt im Berg, breitet sich unter einem die smaragdgrün schimmernde Lagune aus, „Emerald Lake“, „Blaue Lagune“ oder auf Thai „Talay Nai“ genannt und durch ein Höhlen- und Tunnelsystem mit dem Meer verbunden. Nur gucken ist hier angesagt, also herrscht auf den Treppen reger Verkehr und Gegenverkehr mit keuchenden, sich beinahe auf die Füße tretenden Touristen. Schließlich soll an dieser Lagune der Musenkuss für „The Beach“ erfolgt sein. Der Kiosk am Strand läuft schlecht. Die Leute zieht´s zum Mittagessen aufs Boot. Das Finale grande der Exkursion zum Ang Thong ist die Hauptinsel Koh Wua Ta Lap. Oft mit zwei Stunden Zeit zur freien Verfügung, während der man am Strand in einem kleinen mit Bojen abgegrenzten Bereich mit Schwimmwestenpflicht baden kann oder die 500 Meter des „Pha Jun-Jaras Nature Trails“ in Angriff nimmt, ein anspruchsvoller, herausfordernder 30-minütiger Aufstieg zum exponiertesten Aussichtspunkt von Ang Thong, wahrhaft ein L'Alpe d'Huez für Urlaubswanderer, in dessen Verlauf man immer irritierter wird, ob mit den 500 Metern die Distanz oder knallharten Höhenmeter gemeint waren. Doch oben angekommen, fühlt man sich königlich. Urlauberherz, was willst du mehr? Der Blick vereinnahmt den ganzen Archipel, der bei eitel Sonnenschein an pittoresker Schönheit kaum zu überbieten ist.

In den Baumwipfeln wird man putzmuntere, verspielte oder dösende kleine Affen entdecken, Languren aus der Verwandtschaft der Meerkatzen, die auf Koh Wua Ta Lap ihre Heimat gefunden haben. Wer auch über Nacht bleiben will, kann eines der 2- und 8-Bett-Apartments im Bungalow oder ein Zelt auf dem Camping beziehen, allerdings nur bei Vorausbuchung bei der Nationalparkverwaltung: Tel. +66 77 286025. Ganz für sich allein, wird man das Idyll allerdings nie haben.

Magic Buddha Garden: „Heaven is a Place on Earth"

Hoch in den Bergen liefert kurz nach dem Eingang des Magic Buddha Garden das säuselnde Plätschern des winzigen Tar-Nim-Wasserfalls den meditativen Sound für den Spaziergang durch den „Verborgenen Garten". Wir sind unversehens ergriffen von der verwunschenen Stimmung, die sich entlang des verspielten Bachlaufs ausbreitet. Hier gibt´s keine Big Buddhas in Popfarben aus Plastik mit der Aura eines Comics oder Cartoons. Es ist mehr Märchenwald als Regenwald und ein Gang zurück in eine längst vergangene Zeit, denn die poetisch kreierten und einfühlsam in die Natur platzierten Steinskulpturen zeigen Spuren der Verwitterung, haben Patina angesetzt, werden von Pflanzen umrankt und überwachsen, wie von einem unsichtbaren Netz, das Kunst und Natur miteinander in einer vollkommen harmonischen Farbkomposition verwoben hat: Grau wie Stein, Grün und Braun wie die Pflanzen und Erde – und einige kräftige Farbtupfer exotischer Blüten.

Es ist das Vermächtnis des Obstbauern Tar Nim Thongsuk, der ein Leben lang Durian-Früchte kultivierte und in einem Alter, in dem andere sich zur Ruhe setzen, mit über 70 Jahren, begann, mit einem Team von Gleichgesinnten ein unermessliches Repertoire an Figuren zu schaffen, ein Werk, das bis zu seinem Tod mit 91 Jahren fortgesetzt wurde, und sogar darüber hinaus, denn posthum wurde er selbst, entspannt im Schatten sitzend, in Stein in seinem eigenen Reich verewigt.

Es ist schade, beim Kiosk am Eingang gibt es keine Broschüren oder Erläuterungen über all die Buddhas, Märchen- und Fabelwesen, Wesen, die für (transzendente) Ideale stehen, Tänzerinnen, Tiere und die Symbolik der Darstellungen. So bleibt dem mit fernöstlichen Mythologien wenig vertrauten Laien nur, mit eigener Phantasie und Rezeptionsempfinden die optische Präsenz auf sich wirken zu lassen. Aber so wird jeder Besuch in diesem Garten ein ganz individueller sein. Ein schönes Ensemble heißt „Amphitheater der Engel". Man spürt, die Themen dieses Gartens sind Ruhe und Frieden, unvergängliche („höhere")

Weisheit, „Erleuchtung“ und Sinnerfüllung.

Auf dem Weg zu Koh Samuis höchstem Gipfel, Khao Pom, gelangt man auf knapp 460 Höhenmetern zum Magic Buddha Garden. Weil er inzwischen ein fester Programmpunkt der Reiseveranstalter ist, kann man die problemlose Anfahrt wählen, der Aufenthalt wird so jedoch seiner Intimität beraubt. Wer selbständig hierherkommt, hat außerhalb der Hauptreisezeit und in der Stunde nach Öffnung oder vor Schließung die beste Atmosphäre. Mit Geländewagen und Allradantrieb biegt man, von Chaweng oder Lamai kommend, von der Ringstraße (4169) auf die Inland- bzw. Militärstraße beim Wat Khunaram (Phra Wihan Luang Por Daeng) nach rechts ab. An vielen Stellen bieten sich unterwegs tolle Ausblicke ins Tal hinab. Man kann unterwegs immer wieder anhalten, doch von der Hauptstraße sollte man keinesfalls abweichen.

Magic Buddha Garden, tägl. 9-18 Uhr 80 THB. In den Reiseprospekten kursiert er auch als Secret Buddha Garden, Tamin Magic Buddha Garden, Heaven´s Garden, Khun Nim´s Garden.

KOH SAMUI – EINE INSEL STELLT SICH VOR:

Geschichte

Wie so oft in fernen Landen, sind uns Ursprung und Details zu Koh Samuis Frühgeschichte weitgehend unbekannt. Und wie so oft – wie es bei Inseln nun mal so ist – ist es eine Geschichte der Einwanderung. Bereits lange vor der offiziellen thailändischen Geschichtsschreibung waren es nomadisierende Fischer, die sich an Samuis Küste niederließen und die geschützten Buchten von Bophut und Mae Nam besiedelten, wo üppige Fischgründe ihnen den Lebensunterhalt gewährten. Später landeten chinesische Seefahrer auf der Insel, reparierten dort ihre Schiffe und deckten sich mit Trinkwasser für die Weiterfahrt ein. Zum ersten Mal in der uns bekannten und dokumentierten Geschichte erscheint Koh Samui auf Seekarten der chinesischen Ming-Dynastie des 16. Jh. unter dem Namen Pulo Cornam, was vermuten lässt, dass es schon damals rege Handelsbeziehungen gab. Unterwasserfunde chinesischer Keramik auf Schiffwracks jener Epoche bestätigen dies.

Die nächsten Einwanderungswellen erfolgten aus dem Süden Malaysias, von der chinesischen Insel Hainan und dem thailändischen Festland. Es waren Fischer, Handwerker und Agrarier, die einen fast geschlossenen Kokospalmengürtel entlang der Küste anlegten. Während die meisten Ethnien sich assimilierten und vermischten, resultierten aus dem Zustrom muslimischer Thai vor gut hundert Jahren Gemeinden wie Ban Hua Thanon, wo die Neuankömmlinge weitgehend unter sich blieben.

Im II. Weltkrieg gab Japan seine Pläne zur Besetzung Koh Samuis schnell auf, als die ersten kleineren japanischen Stoßtrupps von den Einheimischen fast bis auf den letzten Mann aufgerieben wurden. Die Japaner hatten an ihren zahlreichen Kriegsschauplätzen in und um Thailand genug zu tun und konnten den Verzicht auf die Besetzung dieser strategisch eher unwichtigen Tropeninsel leicht verschmerzen.

Wegen der schlechten Verkehrsanbindung war Koh Samui für Aussteiger und Abenteurer lange Zeit eine einsame und kostengünstige Variante ihrer Selbstfindungsversuche. Gefreut hat es sie nicht, als der Ruf des Inselparadieses in die Welt hinaus drang und in den 1990er Jahren eine rapide Entwicklung der Infrastruktur einsetzte, Koh Samui einen eigenen Flughafen bekam, bis dem Robinson-Feeling immer mehr Touristenschwärme den Garaus machten. Allerdings höchstselten um einzuwandern, sondern um nach zwei, drei Wochen wieder von dannen zu ziehen.

Geographie

Koh Samui ist mit rund 250 km² die größte Insel im Golf von Thailand, dem Südchinesische Meer, und nach Phuket und Koh Chang die drittgrößte Insel des Landes. Sie liegt 740 Kilometer südlich von Bangkok und 35 Kilometer östlich vom Festland bei Surat Thani. Mit einer Ausdehnung von 25 Kilometern von Nord nach Süd und 21 Kilometern von West nach Ost ist sie etwa doppelt so groß wie Sylt. Koh Samui ist die größte der 80 Inseln des Samui-Archipels, der durch die verbliebenen Felsspitzen einer abgesunkenen Bergkette gebildet wird, einem Ausläufer des Zentralmassivs an der Spitze der malaiischen Halbinsel. Die Oberfläche bestimmen Felsformationen, die in Jahrmillionen entstanden, wie die großen Steine, die riesigen Walrücken ähneln, die man im Inselinnern und an der Küste findet.
12 Kilometer nördlich von Koh Samui liegt die etwas kleinere Nachbarinsel Koh Pha Ngan und ca. 60 Kilometer nördlich die von Tauchern heiß begehrte Insel Koh Tao. Rund 30 Kilometer nordwestlich befindet sich der 125 km² große Ang Thong Marine Nationalpark mit 42 weiteren kleinen Inseln.
Die ca. 65.000 Insulaner sind vorwiegend buddhistisch. Im Süden von Lamai lebt eine muslimische Minderheit. Die Vermischung verschiedener Ethnien, Toleranz der Religionen und ein durch die Einnahmen des Tourismus gestärktes Selbstbewusstsein haben auf der Insel eine unverwechselbare Mentalität und Identität herausgebildet, die sich zwar den Thai, der Bevölkerung von Thailand zugehörig fühlt, sich vor allem aber als Chao Samui, „Volk von Samui", definiert.

Flora

Hoch, kerzengerade und gertenschlank, weil völlig unverzweigt, ragen sie gen Himmel, Koh Samuis Kokospalmen. Ein majestätischer Anblick, wenn die Wipfel ganzer Kokoshaine sich sanft im Wind wiegen, auch wenn die Palmen oben keine Krone, sondern einen dichten Schopf von meterlangen Blättern tragen. Sie sind der eigentliche Reichtum der Insel, denn immerhin können monatlich zwei Mio. Kokosnüsse nach Bangkok transportiert werden. Fast alles an dieser Pflanze ist verwertbar. Die Palmwedel werden zu Körben und Behältern verflochten oder zum Dachdecken verwendet. Der Stamm dient zum Gerüstbau und für einfaches Mobiliar, als Zaun oder Brücke. Die Fasern der Fruchtschale werden zu Matten und Seilen geflochten. Das weiße Innere gilt als Leckerbissen, aus dem getrockneten Fleisch der Kokosnuss (Kopra) werden Öle, Fette und Seifen hergestellt, die Kokosmilch geraspelt und gepresst und das Kokoswasser ist der Erfrischungsklassiker für Strandtouristen.

Vorsicht allerdings vor herunterfliegenden Kokosnüssen, die sich zu gefährlichen Geschossen verwandeln können! Dafür sorgen die harte Schale, ein Gewicht von gut zwei Kilogramm und die stattliche Flughöhe, von der die Nüsse auf den Boden knallen. Immer wieder kommt es zu Unfällen mit tödlichem Ausgang. Und wer möchte schon als ein „Von einer Kokosnuss Getöteter" in die Familienchronik eingehen? Da spielt es auch keine Rolle, dass der Botaniker die Cocos nucifera nicht zu den echten Nüssen, sondern zu den einsamigen Steinfrüchten klassifiziert.

Neben der Kokosnuss ist die Betelnusspalme auf den Inseln eine weitverbreitete Pflanze. Aus ihren zerkleinerten Nüssen wird eine leichte Droge gewonnen, die eine für Körper und Geist erfrischende Wirkung haben soll. Die in Blätter eingewickelten Nüsse werden zwischen Zähne und Backen geschoben, dort ganz langsam zerkaut und vom Speichel fermentiert. Langjährige Betelnussliebhaber erkennt man am rotgefärbten Mund und Rachen sowie an schwarzgefärbten Zähnen.

An Früchten gibt es auf Koh Samui ziemlich alles, was das Herz begehrt. Wenn man am Strand liegt, kommen häufig Früchteverkäuferinnen vorbei. Sie balancieren auf der Schulter eine Stange mit schweren, eisgekühlten Behältern. Man kann zwischen Ananas, Mangos, Papayas, Bananen, Melone oder Kokosnuss wählen. Vor den Augen des Käufers wird die Frucht aufgeschnitten und geschält. Die frischen, meist gekühlten Früchte sind eine wunderbare Erfrischung, und kaum einer wird den

Geschmack einer Ananas auf Koh Samui vergessen. Bereits im 16. Jh. brachten die Portugiesen die Ananas von Mittelamerika nach Asien. Sie wird wegen der langen Wachstumsphase der Gummibäume oft gemeinsam mit diesen gepflanzt, damit auch in der Wartezeit etwas geerntet werden kann. Sie trägt bereits nach einem Jahr die ersten Früchte. Mittlerweile hat sich Thailand zum weltgrößten Ananas-Produzenten entwickelt und erntet pro Jahr rund zwei Mio. Tonnen. Daneben gibt es noch etliche andere Früchte wie Rambutan, Langsat, Mangosteen, Rosenapfel, Jackfruit und Durian.

Für die Blüten und Blumen Thailands wäre ein eigenes Botanik-Kapitel vonnöten. Deshalb sei stellvertretend für die ungeheure Blütenpracht nur die Lotosblüte genannt. Sie ist eine Wasserpflanze, welche die stillen, stehenden Gewässer liebt. Für jeden Buddhisten und Hindu ist sie ein unverzichtbarer Teil eines jeden Opferrituals und deshalb fast vor jeder Buddhastatue in den Tempeln zu finden. Der Reichtum an Orchideen ist ebenfalls immens. Es gibt mehr als 1000 Orchideenarten in Thailand. In Restaurants werden Speisen oft mit ihren wunderschönen Blüten garniert und Touristen können sie als Mitbringsel sogar noch am Bangkoker Flughafen erstehen.

Thailands Früchte

Ananas (sapparot) ganzjährig. Die thailändische Ananas ist an Köstlichkeit nicht zu übertreffen!

Banane (gluey) ganzjährig. Über 100 verschiedene Bananensorten wachsen im Land. Die Zubereitungsarten sind vielfältig: An Straßenständen bekommt man sie meist geröstet, gebacken, mit „sticky rice“ vermengt oder in dünnen Scheiben gebraten.

Custard-Apple (noina) Juli-September. Die dicke, hellgrüne Schale ist mit pyramidenförmigen Wülsten behaftet. Das weiße Fleisch schmeckt ein bisschen wie Feige.

Durian (thurian) April-Juni. Auch wegen des Kosenamens „Stinkfrucht“ in Erinnerung bleibend, ist es in manchen Hotels verboten, sie aufgrund des penetranten Geruchs mit ins Hotel zu nehmen. Wenn man's geschafft hat, die stachelige, harte, grün-gelb-braune Schale dieser Riesenfrucht zu knacken, sind in einzelnen Abteilungen harte, jeweils in einen dicken, fleischigen Mantel eingewickelte Kerne enthalten. Das Fleisch um diese Kerne zergeht fast auf der Zunge, wobei sich über den Geschmack streiten lässt. Die fußballgroßen Früchte sich nach Gesetz als gefährliche Waffen, wie feststehende Messer, eingeordnet, deren Anwendung bei Streitigkeiten strafverschärfend wirkt.

Guave (falang) ganzjährig. Grüne, leicht rauhe Schale und weißes Fruchtfleisch, dazu Kerne, die gern in den Zahnzwischenräumen stecken bleiben. Der Thai-Name dieser Frucht bedeutet auch Ausländer, denn die Frucht war nicht immer in Thailand heimisch.

Jackfruit (kanun) ganzjährig. Die größte Baumfrucht Thailands ähnelt optisch ein wenig der Durian. Im Innern befinden sich kleine Fächer mit gelbem Fruchtfleisch.

Longan (lamyai) Juli-Oktober. Kleine, runde Frucht mit hellbrauner Schale, die beim Aufbrechen sehr klebrig ist. Das weiße Fruchtfleisch schmeckt lecker sauer-süß.

Lychee (linchi) April-Mai. Die Lychee ist in Thailand um einige Grade süßer als anderswo.

Mango (mamuang) März-Mai. Wird am Anfang der Erntesaison unreif verzehrt, vollreif ist sie gelb und sehr saftig. Oft gibt es sie mit „sticky rice“.

Mangostine (mangkhut) April-September. Die blau-rote Schale färbt beim Aufbrechen ab. Das weißliche Fruchtfleisch ist mild-süß. Papaya (malakor) ganzjährig. Im Innern der Papaya befinden sich im orangenen Fleisch viele kleine, dunkle Kügelchen. Sie wird gern bei Verstopfung empfohlen. Ihre „Weichmachereigenschaft“ macht man sich auch beim Kochen zunutze, wenn das Fleisch etwas zäh ist.

Pomelo (somo) ganzjährig. Ähnelt optisch der Grapefruit, ist aber weniger bitter, dafür etwas trocken.

Rambutan (Ngork) Juli-September. Rot-grüne Frucht mit einem langen, weichen „Stachelpelz“. Eine recht dicke Schale umhüllt weißes, sehr süßes Fruchtfleisch.

Rose Apple (chomphu) April-Juni. Hellrosa oder grüne Frucht, deren Innerstes weiß ist und ähnlich einem Apfel schmeckt. Wird von Straßenhändlern eisgekühlt verkauft.

Fauna

Das warme, tropische Klima Koh Samuis bietet einer enormen Vielzahl von Tieren einen idealen Lebensraum. Manch Inselbesucher erschrickt sich in der ersten Nacht in der Bambushütte über ein seltsames, nie gehörtes Geräusch: die Laute eines Pazifik-Geckos, der als braver Zimmergenosse viel Freude bereiten wird. Eher Insektenvernichter denn Wecker beschleicht er abends bei künstlichem Licht Moskitos und andere Opfer, bis er sie mit blitzartigem Schnalzen an seine Zunge heftet und verschlingt. Man braucht keine Angst zu haben, dass Geckos auf einem herumkrabbeln, während man schläft. Sie sind extrem menschenscheu und völlig harmlos. Neben diversen Geckoarten gibt es auf der Insel verschiedene Echsen, von denen die größten – die Warane – eine Länge von knapp einem Meter erreichen. Sie leben in Erdlöchern, sind aber trotzdem gute Schwimmer. Weil diese Tiere fast überall vertrieben wurden, sind sie heute nur noch an wenigen kaum zugänglichen Stellen zu finden.

Die meisten Schlangen Koh Samuis sind ungefährlich. Selbst furchteinflößende Tiere wie die riesige Kobra ernähren sich hauptsächlich von Ratten und Mäusen, sind kaum auf bleiche Farangs aus. Auch die beiden auf der Insel vorkommenden Vipernarten, die malaiische und die grüne Viper, gelten als harmlos. Panik und Angst sind fehl am Platze, weil sich Schlangen fast immer mehr vor Menschen fürchten als umgekehrt. Im Buddhismus hat die Schlange eine entgegengesetzte Bedeutung als in der christlichen Schöpfungsgeschichte. Während „unsere Schlange" im Alten Testament den Satan symbolisiert und Eva den Apfel der Erkenntnis schmackhaft machte, schützt die Schlange in der buddhistischen Mythologie mit ihrem Körper über dem meditierenden Buddha diesen vor Regen, verbreitet keinen Schrecken, sondern wird als göttliches Tier verehrt. Dennoch geht man aus

Grüne Viper

Vorsicht Begegnungen mit Schlangen aus dem Weg. Kommt es tatsächlich zu einem Biss, sollte man die Schlange töten, was natürlich einfacher gesagt als getan ist, das verletzte Körperglied abbinden und samt toter Schlange umgehend ein Hospital oder Arzt aufsuchen. Mit Hilfe des erlegten Biestes kann der Arzt sofort Art und Gefährlichkeit des Bisses bestimmen und eventuell gleich ein Serum injizieren.

Neben unangenehmem Kleingetier wie Ameisen und Kakerlaken gibt es manchmal am Strand den beißenden Sandfloh oder Quallen im Wasser, die bei Berührung ein unangenehmes Brennen verursachen können. Besonders große Exemplare sind selten, aber durchaus gefährlich. Sobald man sie beim Schwimmen sichtet, sollte man unverzüglich das Weite suchen. Im Dschungel und abgelegenen Waldgebieten kann es zum Kontakt mit Blutegeln kommen. Sie saugen sich wie Zecken am Körper fest und fallen einfach ab, wenn sie sich ausreichend mit Blut gesättigt haben. Im Gegensatz zu Zecken sind Blutegel keine Krankheitsüberträger, deswegen sollte man nicht versuchen, den Egel einfach abzureißen, sondern betupft ihn mit Jod, Alkohol oder Zigarettenasche. Er fällt dann von allein ab.

Viele Tiere bringen durch Anmut und Schönheit Samuis Besucher zum Entzücken. Unzählige Arten von Riesenschmetterlingen in den schillerndsten Farben leben auf der Insel und können in ihrer Pracht u.a. in den Butterfly Farms bewundert werden. Unter den Vögeln sind neben dem einheimischen Mynah die im Winter aus den Kälteregionen des Himalayas oder Sibiriens einreisenden Beos und Kuhreiher markant, die sich auf dem Rücken der Wasserbüffel niederlassen, um diese von Parasiten zu befreien. Die klaren, warmen Gewässer um Koh Samui sind ein Paradies für alles, was im und unter Wasser lebt: Muscheln, Austern, Seebarsche, Tintenfische, Seeigel, Kraken, Garnelen, Hummer und Krabben ... Taucher und Schnorchler dürfen sich über traumhafte Korallenriffe freuen, die eine atemberaubende Kulisse bieten für unvergessliche Erlebnisse. Die Tauchreviere im Golf von Siam, um Koh Samui und besonders Koh Tao zählen zu den schönsten der Welt. Viele kommen extra hierher, um inmitten einer farbenfrohen Welt von buntschillernden Fischen und pittoresken Korallen den ersten Tauchgang zu wagen.

Umwelt & Klima

So sehr die Insel vor Artenvielfalt strotzt, der Fauna sowie auch der Flora, haben die Folgen des ökologischen Raubbaus und Klimawandels im Tropenparadies Einzug gehalten. Und dies, obwohl Koh Samui auf Thailands Tsunami-sicheren Ostseite im ruhigen Golfgewässer liegt. Die Wunden, die sintflutartige Regenfälle in jüngerer Zeit, die natürlich immer zur „Unzeit" kommen, mit Überschwemmungen, anschließender Verschlammung und Erdrutschen in die Landschaft rissen, können mit Bulldozern und Wiederaufforstung beseitigt werden und das üppige tropische Pflanzenwachstum überwuchert bald die Narben. Die endlosen Kokospalmenhaine, die nahezu die gesamte Küstenlinie säumten, sind jedoch heute vielerorts verschwunden. Unwiderruflich, denn sie wurden abgeholzt, um Platz für Hotels, Urlauber-Bungalows und immer breitere Strandzonen zu schaffen. Diese sind eigentlich öffentliches Terrain, doch durch private Verbauungen und Absperrungen („Private Property") längst nicht mehr unbegrenzt zugänglich. Und es vermehren sich die Stimmen innerhalb des Chao Samui, die beklagen, viel Inselland an Investoren vom thailändischen Festland und aus dem Ausland verloren zu haben. Samuis Bevölkerung wächst. Weder die Qualität noch Quantität des traditionell aus Brunnen geförderten, nun nicht mehr ganz so sauberen Trinkwassers können da mithalten. Der Ersatz mit Wasser aus Plastikflaschen kreiert neue Probleme wie auch die Einleitung von gewerblichem und privatem Schmutzwasser ins Meer, dessen Fischbestand durch das ständige Überfischen sowieso gefährdet ist. Eine jüngere Plage ist die Gefährdung der Kokospalmen durch den Tetrastichus brontispae, den „gemeinen" blauen Kokosnusskäfer, der sich seit bald zwanzig Jahren vehement auf Koh Samui ausbreitet und die Kokospalmen absterben lässt. Als biologisches Kampfmittel wurden inzwischen vietnamesische, für diesen Einsatz kampferprobte Wespen, sogenannte „Tanbian", eingeführt, die in den nächsten Jahren dem Käfer den Garaus machen sollen.

Regierung

Der König ist das Staatsoberhaupt, hat aber kaum politische Befugnisse. Die Regierungsgewalt liegt beim Premierminister, der mit Hilfe des Kabinetts die Regierungsgeschäfte führt. Die Nationalversammlung besteht aus zwei Kammern: dem Senat, dessen Mitglieder vom König ernannt werden, und dem Repräsentantenhaus, dessen Abgeordnete direkt vom Volk gewählt werden.

Religion

Die wichtigste Religion des Landes ist der Theravada-Buddhismus, dem rund 95 Prozent der Bevölkerung anhängen. Die buddhistische Doktrin wird an allen Schulen, außer im moslemischen äußersten Süden, gelehrt und ist fester Bestandteil des Lehrplans. Weil diese Religion eine der tolerantesten ist, können andersgläubige Minderheiten ungehindert ihrem Glauben nachgehen, z.B. sind 3,8 % Muslime und 0,1 % Hindus (0,6 % sonstige).

Feiertage & Feste

1. Januar: Neujahrstag
Januar: am 2. Samstag Tag der Kinder
Februar: Makha Bucha. Die Vollmondnacht des 3. Mondmonats gedenkt Buddhas Predigt im Kreise seiner Jünger. An diesem Tag im ganzen Land: Alkoholverkaufsverbot!
Februar: „Drutjin", neumondabhängig das Chinesische Neujahr
6. April: Chakri-Gedenktag an König Rama I., erster der Chakri-Dynastie
13.-15. April: Songkran: Thailändisches Neujahr, Wasser marsch im ganzen Land!
1. Mai: Tag der Arbeit
4. Mai: Tag der Krönung von Maha Vajiralongkorn
Mai: Visakha Bucha, das Buddhistische Tempelfest zur Vollmondnacht des 6. Mondmonats zelebriert Buddhas Geburt, Erleuchtung und Tod.
Mai: Raek Na Khwan. Zeremonie des Ersten Pflügens, Beginn der Reisaussaat
3. Juni: Geburtstag von Königin Suthida
2. Julihälfte: Asahna Bucha, nach dem Mondkalender am Vollmond des 8. Monats, erinnert an die erste Predigt des Erleuchteten.
2. Julihälfte: Khao Phansa. Am Tag nach Asahna Bucha, Beginn der 3-monatigen Regenzeitklausur buddhistischer Mönche
28. Juli: Geburtstag des Königs
12. August: Geburtstag der Königinmutter, Muttertag
13. Oktober: Todestag von Bhumibol
23. Oktober: Chulalongkorn-Tag, Zum Gedenken an König Rama V.
November: Loy Krathong, Lichterfest. Zum Vollmond im 12. Monat des Mondkalenders, der touristische Höhepunkt im Festkalender
5. Dezember: Geburtstag des Königs, Vatertag
10. Dezember: Tag der Verfassung
31. Dezember: Silvester

Fallen Feiertage aufs Wochenende, werden diese auf den Beginn der kommenden Woche verlegt. Je nach Gewichtung eines Feiertags, sind nur Behörden, Schulen etc. oder auch Banken und Geschäfte geschlossen.

Tanz: Ram-Wong & Khon

Sobald in Thailand bei geselligem Beisammensein Musik erklingt, sei es aus dem Kofferradio oder mit irgendwelchen Musikinstrumenten selbst fabriziert, wird der Ram-Wong getanzt. Das ist ein Tanz, bei dem sich die Partner nicht berühren, sondern unter graziöser Verdrehung der Hände und Arme einander umtanzen. Dabei tanzen nicht nur Männer mit Frauen, sondern auch Männer mit Männern und Frauen mit Frauen.

Khon ist Thailands traditionelles Tanzdrama, ein opulenter Maskentanz mit einer Vielzahl von Tänzern und Akteuren und einem großen Aufwand an Requisiten und Bühnenkulisse, die klassische „hohe" Kunst, die jahrhundertelang an den siamesisch-thailändischen Höfen zelebriert wurde. Thema ist das „Ramakian"-Epos, der schicksalhafte Werdegang des Helden Rama, ein Heldengesang über seinen Ruhm und die Inkarnation des Gottes Vishnu, der die Ordnung und Gerechtigkeit in der Welt wiederherstellt. Es ist eine Huldigung auf die bestehende Herrschaft und – an das gemeine Volk gerichtet – deren Legitimation, weil sie den Triumph des Guten über das Böse verbürgt. Es ist ein phänomenales Gesamtkunstwerk, und selbst wenn man weder mit Inhalt noch mit der Tradition des Khon vertraut ist, besticht es durch die Anmut der Tänzer(innen), Gesang und orchestrale Musik sowie den Bombast an farbenprächtigen, glitzernden Kostümen. Der Khon ist aufgrund seiner Überfülle an Choreographie und Bühnenperformance keine Angelegenheit für die profane Ferienwelt auf Koh Samui, doch bei einem Aufenthalt in Bangkok ist eine Aufführung im königlichen Theater Sala Chalermkrung eine unbedingte Empfehlung.

Samuis Essen: Für Gourmets und auf der Gass´...

Oft kolportiert, ist´s doch ein Faktum: „Fremder, kommst du nach Koh Samui, verhungern wirst du nicht! Aber wir haben schon viele gesehen, die fülliger wieder nach Hause geflogen sind." Selbst verwöhnteste Gaumen wissen es längst: Koh Samui ist ein Gourmetparadies. Doch der eigentliche Grund für wachsende Bäuche ist, dass Samui für jeden etwas zu bieten hat, und zwar in Überfülle. Natürlich werden Feinschmecker hier sich glücklich schmausen. Für alle kulinarischen Vorlieben warten kampferprobte Köche. Die gesamte lukullische Tonleiter thailändischer Gerichte wird kredenzt, Meeresfrüchte en masse, Schwein und Huhn sowieso, von Indisch bis zum profanen Burger, vom romantischen Abendessen zum Sonnenuntergang bis zur unprätentiösen Brutzelbude am Strand. Eine kaum bemerkte, doch peu à peu sich ins Bauchfett einnistende Ursache für den Gewichtsschub ist die Dauerverköstigung. Wir, die gewohnt sind, dreimal am Tag „richtig" zu essen, klar definiert als Frühstück, Mittag- und Abendessen, sind der Dauerversuchung ausgesetzt: Auf Märkten, den speziellen Nachtmärkten, an jeder Imbissbude dampft´s und duftet´s. Was wäre Samui ohne seine Garküchen oder fliegenden Händler? Weil´s Urlaub ist, ist das übliche auf kleine Naschereien folgende schlechte Gewissen zu Hause geblieben, und wenn man schon mal hier ist: Wann und wo sollte man sonst all die exotischen Leckereien probieren?

Die Basis einer Thaimahlzeit ist Reis, „khao", in allen Variationen: gekocht, zu Nudeln verarbeitet oder angebraten mit Gemüse, welches niemals zerkocht, sondern knackig und vitaminreich ist. „Fried rice" heißt die bei vielen Backpackern sehr beliebte Delikatesse, weil sie überall zu haben und äußerst preiswert ist. Der kulinarische Renner ist, wen wundert's auf einer Insel, alles, was das Meer hergibt. In gemütlichen Restaurants, auf der Gass´ oder am Strand werden frische Fische, Hummer, Muscheln und Krabben angeboten, können in gekühlten Behältern oder im Frischwasser bei guten Lokalen ausgewählt werden – wie die Zubereitung, z.B. gegrillt mit Knoblauch und Chili oder in Kokossoße geköchelt. Dazu gibt´s Reis unlimitiert. Als Vorspeise empfehlen sich „Deep fried shrimps" oder eine Suppe mit Kokosnussraspeln. Danach die inseltypische Kokosnuss-Variante „Wai kôo·a" (Tintenfisch mit Curry auf Kokosbasis). Die leckeren Spieße (satay), die an Straßenständen angeboten werden, sollte man unbedingt probieren, ebenso „Khao Mok Gai", einen Reistopf mit Huhn, dessen Reis die intensiven Gewürze satt in sich eingezogen hat, „Phat Thai" mit Reisbandnudeln, Meeresfrüchten oder Fleisch und einer von Chili dominierten Gewürzmischung oder „Roti Pancake", leckere Pfannkuchen, die thailändisch-heiße Version von Antipasti. Und alle, die es mild und nicht zu heftig wollen, bestellen „mai au pet": nicht zu scharf, strecken das Gericht mit Reis, verdünnen oder löschen es mit etwas Kokosmilch ab.

Es kann passieren, dass man auf dem Weg ins Restaurant bei einem fahrenden Händler hängen bleibt und nicht aufhören kann, knusprige Hähnchenbrüste und gebratene Bananen zu verspeisen. Der Restaurantbesuch hat sich dann meist erledigt und wird auf

den nächsten Tag verschoben. Für alle, die nach zwei Wochen genug von Thai-Food haben, bietet sich eine breite Palette internationaler Restaurants an, können auch mal eine Pizza oder Bratwürste mit Sauerkraut im „deutschen" Biergarten schmecken ... um schnell wieder vom Fernweh – oder ist´s schon Heimweh – nach einem Dinner direkt am Meer gepackt zu werden, formvollendet bedient von in luftiger Eleganz ausstaffierten Markören, die um die stumpenbeinigen Tischchen und durch die von Fackeln und Lampen illuminierte Atmosphäre huschen.

Beim legeren Speisen an den Garküchen gilt unser Argwohn Köchen, die sich bei ihrem Tun nur ungern zuschauen lassen, auf Anrichten abkühlenden Speisen, die längst eine Verlockung für um sie schwirrende Fliegen geworden sind, und die äußerste Vorsicht vor offenen Getränken! Man verzichtet besser auf Wasser, das zur Erfrischung gereicht wird, und auf Eiswürfel, die von einem großen Klotz abgeschlagen werden. Das Wasser ist nicht immer keimfrei, riecht seltsam und führt oft dazu, dass die folgenden Urlaubstage in und um eine Toilette stattfinden. Nur Eiswürfel gehören ins Glas, die von den glatten Eiszylindern stammen, die keimfrei aus der Fabrik kommen! Als Ausrede für erhöhten Schnapskonsum eignet sich die angeblich desinfizierende Wirkung des Mekhong Whiskey, der aus Zuckerrohr gebrannt wird und sich in Thailand größter Beliebtheit erfreut. Wenn man diesem süßen Gebräu nicht aus dem Weg gehen kann, z.B. bei einer Einladung, sollte es wenigstens mit Cola und einigen Zitronenspritzern strecken. Wer auf einen Mekhong-Rausch aus ist, sollte am nächsten Tag nichts vorhaben und ausreichend kaltes Wasser und Aspirin im Hotelzimmer haben. Am besten schmeckt´s, wenn Soßen, Pasten und Suppen nach Art des Hauses selbst angerührt werden. Selbst die kleinste Garküche an der Straße verwendet ihre eigene Rezepturen. Schon dies macht uns skeptisch, wenn´s zum Hühnchen eine würzige rote Chilisoße im Plastiktütchen gibt, die einen Genuss ohne zu kleckern fast unmöglich macht. Es kommt oft vor, dass Ausländer an den roten Spritzern vor dem Latz erkannt werden, weil sie versucht haben, die tückischen kleinen Dinger mit den Zähnen aufzureißen, worauf die Soße meist unkontrolliert in alle Richtungen spritzt.

Gerichte: ein Speisenglossar

Speisen

kaeng phet gai	scharfes Hühnercurry
kaeng som	Fisch- und Gemüsecurry
kaeng nüa	Beefcurry
kaeng phanaeng	mildes Hühner- oder Beefcurry
kaeng tai pla	Fischcurry
khao mohk gai	mariniertes Huhn mit Safranreis (nach muslimischer Art, gelbe Färbung durch Kurkuma)
khao phat	gebratener Reis
khao phat muu	gebratener Reis mit Schweinefleisch
khao phat gai	gebratener Reis mit Huhn
kuay tio naam	Reissuppe mit Gemüse und Fleisch
phat thai	Reisnudeln, mit Gemüse gebraten
phat siyu	gebratene, dünne Nudeln mit Sojasauce
bami naam	Weizennudeln in Brühe mit Gemüse und Fleisch
plaa prior waan	süß-saurer Fisch
kung tort	gebratene Garnelen
plaa phao	gegrillter Fisch
puu nüang	gedämpfte Krabben
por pia	Frühlingsrolle
pet yang	geröstete Ente
gai yang	geröstetes Huhn
som tam	Papaya-Salat
gai phat khing	gebratenes Huhn mit Ingwer
naam yaa	Nudeln mit Fischcurry
gai sap tua ngork	Huhn mit Soyasprossen
khai tom	gekochtes Ei
khai dao	Spiegelei
khai jior	Omelette

Getränke

naam plao	einfaches Wasser
naam soda	Sodawasser
naam chaa	Tee
gafää	Kaffee
tschaa dam	Schwarzer Tee
gafää dam	Schwarzer Kaffee
tschaa djin	Chinesischer Tee
tschaa yen	Eistee
naam däng	Limonade
naam som	Orangenlimonade
naam maphrao	Kokoswasser
nomm	Milch
bia	Bier

WISSENSWERTES

Anreise

Alle Wege führen nach Koh Samui. Nicht ganz. Denn von Europa ist nur ein Direktflug nach Bangkok die „Eingangspforte zum Paradies", also Koh Samui, das man ab Bangkok per Inlandflug, Zug, Bus und Fähre – oder diese kombiniert – erreicht. Wenigstens kommt man hier ins „Goldene Land", so die wörtliche Bedeutung von „Suvarnabhumi", Bangkoks internationalem Flughafen. Die Weiterreise ab Bangkok bestimmt Reisedauer, (An-)Reiseerlebnis und, für viele entscheidend, den Reisepreis.

Flug nach Bangkok: Je nach mitteleuropäischem Abflughafen ist man 11-13 Stunden unterwegs, wenn man mit den Thai Airways oder Lufthansa fliegt. Arabische Linien wie die Emirates sind günstiger, doch ihre europäischen Bangkok-Passagiere müssen mit mindestens einem Zwischenstopp rechnen. Um clever zu buchen, ist die Präferenz eines bestimmten Wochentags für den Buchungsvorgang zweifelhaft, geben Internetportale wie Swoodoo oder Check 24 doch jeweils andere Wochentage an. Auch Skyscanner schlägt kaum die Erfahrung des (Online-/Reise-) Routiniers auf dieser Strecke. Wer flexibel einige Tage früher oder später reisen kann, spart bei den Flugkosten, und dies kräftig, wenn man nicht während der High oder gar Peak Season, sondern in der Low Season reist. Bei Thailand-Flügen sind es die Monate Mai und Juni.

Bangkok-Koh Samui

Mit dem Flugzeug: Pauschal gebucht, ist man aller anderen Sorgen, aber auch Freuden enthoben und folgt dem Trott zum Einchecken für den Weiterflug nach Koh Samui. Auf dem „eigenen Trip" reist man schnellstmöglich weiter oder schiebt einen mehrtägigen Aufenthalt in Bangkok ein. Am schnellsten geht´s per Inlandflug direkt nach Koh Samui, die vom gleichen Flughafen in kurzen Abständen starten. Seitdem das strikte Monopol der Bangkok Airways für die Landerechte auf Samui aufgehoben ist, kann z.B. auch eine Verbindung der Thai Airways gewählt werden. Weil Koh Samuis Flughafen immer noch im Privatbesitz der Bangkok Airways ist, die satte Start- und Landegebühren einfordert, sind die Preise für die Strecke Bangkok-Koh Samui um ein Vielfaches! höher als bei anderen

Flügen innerhalb Thailands. Flüge auf der Route Bangkok-Koh Samui gibt es zwischen 6 und 21 Uhr alle 30 bis 60 Minuten. Die reine Flugzeit beträgt, abhängig vom Flugzeugtyp, 50 Minuten bis 1 ½ Stunden.

Bangkok Airways: Flughafen Suvarnabhumi: Haupt-Passagierterminal 6. Etage, Reihe F, Eingang 3, Tel. 1771, tägl. 4.30-19.30 Uhr, reservation@bangkokair.com, www.bangkokair.com
Koh Samui: Chaweng 54/4 Moo 3, Tambon Bophut, Tel. 1771, tägl. 8-17 Uhr, (Tickets am Flughafen: Tel. 428555 tägl. 5-20.30 Uhr) usm-topg@bangkokair.com
Thai Airways: Flughafen Suvarnabhumi: Inland-/Auslandflüge, Abflughalle 4. Etage, Tel. +66 (0)2 1345483, airport_ticket@thaiairways.com, www.thaiair.com

Flug/Fähre: Mehr Zeit, aber weniger Geld erfordert der Flug, z.B. mit airasia oder Nok Air, bis Surat Thani, wo sich das Festlandterminal der Fähren nach Koh Samui befindet, exakt in Don Sak, zu dem man per Zubringerbus ab Flughafen gelangt. Weil dazu in Bangkok ein Transfer zum alten Flughafen Don Mueang erforderlich ist, erhöht sich die Anreisezeit auf 5-6 Stunden, der Preis halbiert sich auf fast die Hälfte. Der eigene Organisationsaufwand ist nicht viel größer, weil u.a. airasia ein Kombiticket mit Flug, Bus und Fähre anbietet und die Klienten an den Umsteigeorten weiterleitet. Während des Monsuns oder bei instabilen Wetterkapriolen in der Regenzeit und einem hohen Wellengang wird der Fährbetrieb schon mal kurzfristig eingestellt, dann ist es sinnvoll, einen Zeitpuffer einzuplanen.

airasia: Suvarnabhumi: 6. Etage, Schalter TW6-037, Nr. 999, Moo 1, Bangplee, tägl. 9-18 Uhr – Don Mueang: 222 Vibhavadi Rangsit Road, Terminal 1, 3. Etage, Schalter 3307, tägl. 4.30-22 Uhr – www.airasia.com

Bus/Fähre: Wenn die Zeit nicht drängt und man bereits auf der Anreise nach Koh Samui etwas von Land und Leuten sehen oder gar erleben – sofern im nicht klimatisierten Standardbus viele Stunden mit noch mehr Thai unterwegs – will, ist der Bus bis Surat Thani bzw. dem Ablegepier von Don Sak die Alternative. Die modernen, bequemen Reisebusse mit Klimaanlage erfreuen kulturbewusste Touristen, ohne dass man mit Abenteuergeist und Draufgängertum gesegnet sein muss, wer in der VIP-Klasse snobistische Distanz und Beinfreiheit braucht, ist eigentlich im Flugzeug besser aufgehoben (generell gibt es drei Komfort-/Preiskategorien: economy, express, vip).
Abfahrt in Bangkok ist vom Southern Bus Terminal, kurz „Sai Tai Mai", in der Boromaratchachonnani Road. Für Expressbusse ist die Ebene G der Abfahrts- und Ankunftsort. Am besten ist man nach Ticketkontrolle 30 Minuten vor Abfahrt am Bussteig. Fahrkarten können in der 2. Etage des Einkaufszentrums SC Plaza am Busbahnhof gekauft werden (von der Rolltreppe dem Schild „Buy Bus Tickets" folgen), am Sai-Tai-Mai-Ticketschalter, bei der nationalen Busgesellschaft Lomprayah, online z.B. bei www.busonlineticket.co.th etc., am einfachsten als Kombiticket für Bus und Fähre zu buchen.
Von Suvarnabhumi geht´s mit dem Airport Rail Link, dem BTS Skytrain bis Station Victory Monument, ab diesem mit dem Taxi oder mit dem Airport Shuttle Bus 556 von Suvarnabhumi zum Sai Tai Mai. Der 556er Bus ist unverschämt günstig, braucht aber über eine halbe Stunde mehr als ein Taxi für diese Strecke. Für die Bus-Fähren-Anreise Suvarnabhumi bis Zielort Koh Samui sind inkl. Pausen und Wartezeiten über 14 Stunden einzukalkulieren.

Zug/Bus/Fähre: Die „State Railway of Thailand" hat ihre Fans und auf dem Weg zum Schiff gibt es eine Zugverbindung, die Touristen zu (be)achten gelernt haben. Der Nachtzug von Bangkoks Hua Lamphong-Station nach Surat Thani, der Express Nr. 85, Abfahrt 19.30 Uhr, Ankunft 7.06 Uhr, zu belegen in drei verschiedenen Klassen mit unterschiedlichem Komfort und Preis. Auch mit dem Zug zieht sich die Anreise in die Länge, fährt man bis Surat Thani 12 Stunden. Doch im abschließbaren Zweierabteil mit Etagenbetten (exklusiver), für „Schläfer", also Sleeper, im

Großraumwagon der 2. Klasse mit zweistöckigen Schlafkojen und Stoffvorhängen oder einfach nur unbequem auf den harten Sitzen zu liegen, wo nur ein Ventilator für bescheidene Kühlung sorgt, allemal hat man die Kosten für eine Übernachtung im Hotel gespart.

Bahnfahrkarten – auch für die Zugfahrt bietet sich ein Kombiticket an – werden in vielen Reisebüros vor Ort verkauft. Wer direkt am Hua-Lamphong-Bahnhof sein Ticket ersteht, hat gleich sein erstes Ferienerlebnis. Denn beim Schalter im Eingangsbereich gibt´s von jedem Zug und jeder Buchungsklasse ein hübsches Foto samt Beschreibung inkl. des Express Boots nach Koh Samui ((Kombi-) Ticketwahl leicht gemacht!). Schönere Schaufensterchen wird man bei keinem Touristenlokal an der Strandpromenade erblicken.

Drogen

Die Lust auf Thai-Dope und berauschende Full Moon Partys sind für manch einen eine Versuchung. Umso dringender ist die Warnung vor dem Besitz, Verteilung sowie Ein- und Ausfuhr von Rauschgiften aller Art. Dazu gehören auch Marihuana, Ecstasy, Magic Mushrooms und Amphetamine. Schon der Besitz geringer Rauschgiftmengen führt zu drastischen Geldstrafen, oft langjährigen Freiheitsstrafen. Bei Handel (oder nicht widerlegbarem vermeintlichen Handel, z.B. als unwissentlicher Drogenkurier) sieht die thailändische Strafgesetzgebung gar die Todesstrafe vor, die nach Jahren der Aussetzung 2018 erneut praktiziert wurde. Deswegen ist die Gepäckbeförderung für unbekannte Personen und unbekannten Inhalts strikt zu unterlassen!

Seit Juni 2022 wird der Konsum von Cannabis-Produkten, die in Thailand hergestellt sein müssen, nicht mehr sanktioniert, allerdings nur bei Gebrauch im privaten Rahmen, als Zutat in Speisen und Getränken sowie für medizinische Anwendungen und Gesundheitsprodukte. Ein öffentliches Kiffen ist weiterhin illegal. Die neuen Richtlinien sind noch in ihrer Bewährungsprobe, so dass auch hier größte Vorsicht der beste Ratgeber ist.

Einreise – Visa – Botschaften

Für eine Urlaubsreise von maximal 30 Tagen benötigen EU-Staatsbürger und Schweizer Staatsangehörige einen Reisepass, der mindestens noch 6 Monate ab Ausreise gültig ist. Minderjährige benötigen ebenfalls einen Reisepass, ein Kinderausweis wird nicht anerkannt. Es besteht keine Visapflicht. Ausnahmen: wenn man die Rück- bzw. Ausreise, z.B. per Rückflugticket, nicht nachweisen kann oder länger als 30 Tage in Thailand bleiben will. Ein touristisches Visum kann vor der Einreise bei einer thailändischen Auslandsvertretung eingeholt werden und berechtigt zum Aufenthalt in Thailand bis zu 60 Tagen. Ergibt sich der verlängerte Aufenthalt erst in Thailand, ist dieses Visum bei einem thailändischen Immigration Bureau (vor Ablauf der visafreien Zeit) zu beantragen. Koh Samuis Immigration Bureau ist in Mae Nam.

333 Mae Nam Road, Soi 1 Moo 1, Tambon Mae Nam, Tel. 423440, samuiimm.ad@gmail.com, www.suratimmigration.go.th, Mo.-Fr. 8.30-12, 13-16.30 Uhr.

Ausländer sind verpflichtet, stets ihren Reisepass mit sich zu führen. Immerhin reicht eine Fotokopie des Reisepasses aus, sofern die Sichtvermerke mit Einreisestempel oder Visum deutlich zu sehen sind. Kontrollen sind auf Koh Samui zwar seltener als in Pattaya oder Bangkok (speziell dort in Patpong etc.), doch können empfindliche Strafen die Konsequenz sein, so bei Überschreitung der zulässigen Aufenthaltsdauer, overstay, was nicht nur mit einer Geldbuße – sondern, wenn das Vergehen nicht nur aus ein paar überfälligen Tagen besteht – mit Abschiebehaft, Abschiebung auf eigene Kosten und Wiedereinreisesperre geahndet wird.

Thailändische Botschaften

Deutschland:

Königlich Thailändische Botschaft, Lepsiusstraße 64/66, 12163 Berlin, consular@thaiembassy.de, www. thaiembassy.de

Österreich:

Königlich Thailändische Botschaft, Cottagegasse 48, A-1180 Wien, Tel. consular@thaiembassy.at, www.thaiembassy.at

Schweiz:

Royal Thai Embassy, Kirchstr. 56, CH-3097 Liebefeld-Bern, thaiembassy.BEN@mfa.go.th, www.thai-consulate.ch, www.thaiembassy.ch

Botschaften in Bangkok

Deutschland:

Embassy of the Federal Republic of Germany,
9 South Sathorn Road,
Mo.-Fr. 8.30-11.30 Uhr,
www.bangkok.diplo.de

Österreich:

14 Soi Nantha-Mozart, Sathorn Soi 1,
South Sathorn,
bangkok-ob@bmeia.gv.at,
www.bmeia.gv.at,
Mo.-Fr. 9-12 Uhr

Schweiz:

Embassy of Switzerland, 35 North Wireless Road (Thanon Witthayu Nuea)
Lumphini, Pathum Wan,
Tel. +66 (0)2 6746900,
bangkok@eda.admin.ch,
Mo.-Fr. 9-11.30 Uhr,
www.eda.admin.ch

Geld & Währung

Die Landeswährung ist der Baht (THB, 1 Baht = 100 Satang). In den letzten Jahren stieg der Wechselkurs des Baht zum Euro um über 20 %, aktuell: 1 Euro = 38,54 Baht. Thailändische oder Thai Baht schon vor der Reise einzuwechseln, ist viel zu teuer. Bei der Ankunft am Flughafen Suvarnabhumi in Bangkok nutzen die Bankschalter auf dem üblichen Weg zum Ausgang ihren exklusiven Standort zur Übervorteilung aus. Eine bessere Option sind die viel! günstigeren Wechselschalter im 2. Untergeschoss (Level B) des Bangkoker Flughafens, zu denen man nach der Gepäckausgabe dem Weg zum Railway Link (ARL, Express Line) folgt. Deren Namen wie „Super Rich"

(orange) oder „Happy Rich“ (blau) sind für sich schon eine Verlockung. Tägl. von 5.30-23 Uhr operierend, ist „Kasikorn“ der Dritte im Bund, doch macht er uns auch so happy?

Auf Koh Samui gibt es inselweit lizensierte „Currency-Exchange“-Wechselstuben, die zu passablen Kursen Fremdwährungen in Thai Baht umwechseln. Viele Banken haben ATM-Geldautomaten, u.a. bei Supermärkten, Tankstellen, installiert, die rund um die Uhr die günstigsten Wechselkurse von Samui anbieten. Man braucht dazu eine ec-Karte (mit dem rot-blauen Maestro Symbol, die für den Gebrauch in Asien freigeschaltet sein muss, „V-Pay“-Karten ohne Magnetstreifen funktionieren nicht) oder eine Kreditkarte, z.B. von Visa oder Mastercard. Obligatorisch sind die thailändischen Gebühren von 220 Baht plus die Gebühren der Hausbank pro Transaktion, die mit 20.000 oder 30.000 Baht limitiert ist (Tageslimit: 50.000 Baht). Am besten ist eine Stückelung von maximal 100 THB, weil größere Scheine oft nicht gewechselt werden können oder auf Misstrauen stoßen. Bessere Hotels, Restaurants und große Einkaufszentren akzeptieren weitläufig Kreditkarten zum Bezahlen. Reguläre Öffnungszeit der Banken: Mo.-Fr. 8.30-15.30 Uhr

Homosexualität

In Samui wie in ganz Thailand gibt es auffallend viele Homosexuelle, was verschiedene Gründe haben mag. Zum einen dürfte es einen Einfluss haben, dass seit vielen Generationen junge Männer für einige Monate ins Kloster gehen und so in einer von Frauen abgeschiedenen, geschlossenen Männergemeinschaft leben. Zum anderen war Homosexualität in Thailand nie gesellschaftlich und durch die Religion geächtet oder gar strafbar.

Homosexuelle werden von den Thailändern „Kathoys“ genannt oder einfach Lady-Boy, von denen es wieder zwei verschiedene Gruppierungen gibt. Zum einen die Kathoys, die sich selbst als „gay“ bezeichnen (= schwul) oder die etlichen Transvestiten, die meist toll aufgemacht in Frauenkleidern herumlaufen. Händchenhalten unter Männern ist in Thailand total normal, diese Pärchen sind en gros nicht gleich als schwul zu apostrophieren!

Impfungen

Für die direkte Einreise aus Deutschland, Österreich und der Schweiz sind keine Impfungen vorgeschrieben. Bei Einreise aus einem Gelbfiebergebiet oder Aufenthalt von mehr als 12 Stunden im Transit eines Gelbfiebergebiets – Thailand zählt nicht dazu – muss eine Gelbfieberimpfung nachgewiesen werden. Von Tropenärzten wird eine Malariaprophylaxe und Schutzimpfung gegen Hepatitis A + B empfohlen. Impfempfehlungen gegen Polio, Tetanus, Diphterie und Typhus sind reiseunabhängig.

Information – Fremdenverkehrsamt

Thailändisches Fremdenverkehrsamt (TAT):

Kirchnerstr. 6-8, 60311 Frankfurt,
Tel. 069/1381390,
info@thailandtourismus.de,
www.thailandtourismus.de.

Hier bekommt man einen Überblick über die Reiseziele und Höhepunkte von Koh Samui und grundlegende Informationen zu Festen und Festivals, Tauchen, Nationalparks, Ökotourismus etc..
Touristeninfo in Koh Samui: Im TAT-Büro (Tel. 420504, 8.30-16.30 Uhr) am Nordende von Nathon gibt´s kostenlose Inselkarten und -broschüren und ein geduldiges Personal.

Kriminalität

Koh Samui und Koh Tao verzeichnen eine zunehmende (Klein-)Kriminalität. Verbreitet sind Diebstahl und Betrug, der bei überteuerten Taxifahrten beginnt, über den Verkauf von Juwelenimitaten (oft unter Mitwirkung von unseriösen Taxifahrern oder Reiseführern, die Touristen zu den Verkaufsläden lotsen), bis zur Unterstellung reicht, dass vermeintlich unversehrte Miet-Roller oder Jet-Skis von Touristen beschädigt zurückgegeben wurden. Oder unbedarfte Touristen geraten in den Fokus von zusammenarbeitenden Banden mit korrupten Polizisten, die vorgetäuschte oder „gestellte" Bagatelldelikte benutzen, um von nichts ahnenden, aber dann vehement erschreckten Opfern Geld zu erpressen.
Auch Gewaltverbrechen wie Vergewaltigung und Raubüberfälle, gar mit Todesfolge, häufen sich. Auf Koh Pha Ngans „Full Moon Partys" scheint nicht nur der Mond, kommt es immer wieder

zu gewaltsamen, manchmal tödlichen Zwischenfällen, besonders gefährdet sind unter Drogen oder Alkohol stehende Touristinnen. Koh Tao geriet in die Schlagzeilen, als sich in wenigen Jahren fast ein Dutzend ungeklärter Todesfälle von Urlauber(inne)n ereigneten, bei denen die Polizei statt zu ermitteln, ad hoc Suizid als Ursache festsetzte und keine weiteren Nachforschungen tätigte. Um das Ganze zu relativieren: Auf Koh Samui ist die „Mordrate" nur halb so hoch wie in den USA, und dorthin reisen wir (alle?) ohne jegliche Bedenken.

Medizinische Versorgung

Koh Samui bietet eine medizinische Versorgung, die – soweit international ausgerichtet und für devisenkräftige Patienten eingerichtet –, in Anbetracht der sich hierzulande zuspitzenden klinischen und Ärztemisere keineswegs unter unserem gewohnten Standard liegt. In einzelnen Bereichen, modischem Health Care, Schönheits- und anderer plastischer Operationen sind sie für einige Inselbesucher sogar der Hauptgrund ihres Reiseziels Koh Samui. Unbedingt erforderlich ist der Abschluss einer Auslandskrankenversicherung. Die Inanspruchnahme medizinischer Dienste und Behandlungen müssen vor Ort erst einmal selbst bezahlt werden. Detaillierte Quittungen und Rechnungen werden nach der Rückreise bei der Versicherung eingereicht und meist problemlos erstattet. Samuis Topkliniken befinden sich alle an oder um die Touristenspots Bophut, Chaweng und Lamai. Wer knapp bei Kasse ist, sucht das staatliche „Koh Samui Hospital" (mit einigen Privatbetten) im Süden von Nathon auf: 61 Moo 1, Tambon Ang Thong,
Tel. +66 77 913200

Samuis private Topkliniken:
Bangkok Hospital Samui

**57 Moo 3, Thaweerat Phakdee Road,
Bophut, Tel. +66 77 429500,
info@bangkokhospitalsamui.com**

SIH Samui International Hospital

**90/2 Moo 2, Northern Chaweng Beach
Road, Bophut,
Tel. +66 77 300394,
info@sih.co.th, www.sih.co.th**

Bandon International Hospital

**123/1 Moo 1, Tambon-Bophut,
Tel. +66 77 332706,
bandonh@gmail.com**

Apotheken:
In Thailand und somit auch auf Samui sind fast alle Medikamente rezeptfrei zu bekommen. Nur ganz wenige gibt es nur gegen Rezept und diese nur in den Klinikapotheken. Apotheken gibt es so gut wie in jedem Ort. Sie sind gut sortiert und stellen nach Erläuterung der Symptome oder Beschwerden die erforderlichen Medikamente zusammen bzw. das gut geschulte Personal fungiert quasi als ärztlicher Berater. Chronische Patienten führen eine Medikamentenliste mit sich. Ein nicht vorrätiges Medikament, das erst bestellt werden muss, wird manchmal sogar auf Wunsch ins Hotel geliefert.

Notfälle & Notrufnummern

Ambulanz: 421444, 191 via Polizei – Polizei: 191 – Tourist Police: 195 (24-Std.-Hotline: 1155), hilft für Dolmetscherdienste und zur Kontaktaufnahme bei der Botschaft

Öffnungs- & Geschäftszeiten

Samui ist eine Insel, die niemals schläft, Shopaholics und Trophäenjäger unter den Urlaubern können ganz gelassen bleiben. Irgendwelche Türen für einen erfolgsversprechenden Einkauf werden immer offen sein. Banken, Behörden und die öffentliche Verwaltung haben einen Regelbetrieb von montags bis freitags von 8.30-15.30 Uhr, die meisten Wechselstuben sind bis ca. 22 Uhr geöffnet.
Für alle Feriengäste, die nicht die Nacht zum Tag machen wollen, wurden gemäßigtere Optionen geschaffen, auch zu späterer Stunde für eine Handvoll Baht sich mit Glückshormonen einzudecken, selbst wenn es sich letztendlich um Beutegut handelt, das vor dem Rückflug oft nicht einmal einen Platz im Koffer finden wird.
Night Markets und Walking Streets heißen die zyklisch aufgebauten Verkaufsstände und Geschäfte mit viel Marktatmosphäre und Lokalkolorit, deren Köche und Händler bis 23 Uhr oder gar Mitternacht in Aktion sind. Night Markets sind feste Einrichtungen, Walking Streets sind keine Fußgängerzonen, sondern Straßenmärkte, die von Ort zu Ort ziehen und ursprünglich jeden Tag an einem anderen Ort waren/sind: Chaweng Walking Street (16.30-24 Uhr, täglich, denn gegessen wird immer, Non-food-Souvenirs gibt es allerdings nur Mo.-Fr.), Chaweng Night Market (ab 17 Uhr, die bewährte Fressmeile

am Chaweng Lake), Hua Thanon Night Market (mittwochs ab 16 Uhr, vor den martialischen Blicken des Guan Yu bietet sich eine ganz spezielle Atmosphäre), Mae Nam Walking Street (donnerstags ab 17 Uhr, ab der China Town Street die lange Meile im Norden), Bophut Walking Street (freitags, weil der Touristenmagnet „Fisherman's Village" integriert ist, einer der größten Straßenmärkte Samuis), Lamai Walking Street (sonntags ab 17 Uhr, erstreckt sich vom Lamai Food Market fast über den gesamten Ort), Nathon Night Market (bereits ab 16 Uhr, mit der höchsten Quote an Ortsansässigen, wer am nächsten Morgen zur Fährstation muss, bekommt einen letzten ganz authentischen Eindruck der Insel) ...

In den Walking Streets „zeigt sich der Bauch der Insel" bzw. sie sind ein Schaukasten all dessen, was in die Mägen der Samuianer wandert. Sie sind auch der Ort, wo allerlei Nippes, Souvenirs und Textilien feilgeboten werden, ein buntes Sammelsurium von dem, was Samuianer und ausländische Inselresidenten glauben, was Urlauber in Ferienlaune unbedingt brauchen. Diese Laune bleibt am besten erhalten, wenn man trotz unbeschwerten Schlenderns auf die eigenen Wertsachen achtet.

Night Market in Chaweng

Denn die Walking Streets werden für zielgerichtet (mit)walkende Taschendiebe nicht abgesperrt. Und wer zu den ganz Unerschrockenen gehört und von Hunger und Neugierde geplagt ist, kann auf den Märkten gebratene Heuschrecken, Käfer, Maden oder andere Insekten probieren. Nicht wissend, in was man gerade hineinbeißt, haben schon einige konstatiert, dass es sogar ganz gut schmeckt.

Weniger touristisch, dafür mit großem Sortiment und ausgedehnten Öffnungszeiten ausgestattet sind die profanen Verkaufstempel, Supermärkte und kleinen Discounter-Filialen wie das „Big C Supercenter" (tägl. 9-22 Uhr), der 7mal auf Samui vertretene Supermarkt „Tesco Lotus" (tägl. 8-24 Uhr), mit über 60 Läden auf der Insel ist „7-Eleven" omnipräsent und der Freund aller Backpacker, weil die Geschäfte preiswerter als die auch vielfach vertretenen Konkurrenten von „Family Mart" (auch in Dauerbetrieb) sind und rund um die Uhr geöffnet haben.

Reisegepäck

Der Koffer sollte ganz nach dem Motto „Weniger ist mehr" gepackt werden. Außer Sonnenmilch oder Rasierschaum kriegt man vor Ort fast alles billiger oder schlimmstenfalls zum gleichen Preis wie zu Hause. Ein paar Baumwoll-T-Shirts, eine Hose, Unterwäsche, Sandalen, Turnschuhe, Sonnenbrille, Badesachen, Jacke und ein langärmliger Pullover für kühle Abende sind völlig ausreichend.

Frauen sollten sich nach der Ankunft einen wunderbar bedruckten Wickelrock samt luftigem, langärmeligen Oberteil kaufen. Auf Mini-Größe zusammengerollt, passt die Ausstattung perfekt in den Rucksack und kann vor jedem Tempelgang schnell über Shorts und Top gezogen werden. Auch Männerbeine werden in Tempeln lieber verpackt gesehen, wieso nicht mit einer hell leuchtenden Wickelhose? Zumal Thailand ein Land ist, in dem ein Sarong insbesondere von Männern getragen wird. Nicht vergessen werden sollten Reiseführer, Landkarte, Moskitospray, Wasserflasche. Unsichere Planungsfetischisten führen einen Zettel mit der Hotelanschrift auf Thailändisch mit sich ...

Reisezeit

Koh Samui liegt inmitten der tropischen Klimazone, mit einem permanent wechselhaften feucht-heißen Mikroklima. Das ganze Jahr über bewegen sich die Tagestemperaturen zwischen 30 und 35 °C, in der heißen Phase erreicht das Thermometer Spitzenwerte von über 40 °C. Das ist vor allem in den Monaten von März bis August möglich. Die dauerhaft hohe Luftfeuchtigkeit macht Urlaubern mit Kreislaufproblemen zu schaffen, regnen kann es auch in der Trockenzeit, wobei Samuis Regenfälle zwar heftig sein können, aber nur von kurzer Dauer sind und nach nicht einmal einer Stunde scheint oft die Sonne wieder. Ausgiebiger sind sie während der Regenzeit, die im September beginnt und Anfang Dezember ausklingt und Land-unter-Stimmung verbreitet, wenn ein Monsunsturm über die Insel fegt. Im Hochsommer ist Samui ein Hotspot, und die Wassertemperatur verwandelt die erfrischenden Strandpartien in wohldosierte, gar brühwarme Badewannen.

Peak Season: 21. Dezember-10. Januar. In Samuis Spitzensaison sind Hotels, (Inland-)Flieger, Fähren etc.

ausgebucht und nicht nur die Hoteliers können fulminante Preiszuschläge ansetzen.

High Season: 11. Januar-30. April, 15. Juli-31. August. Die relativ stabile trockene Wetterlage mit nur gemäßigter Hitze zu Jahresbeginn und die Schulferien zur Hauptferienzeit generieren die in Samui zweigeteilte Hauptsaison mit hohem Touristenaufkommen und gehobenem Preisniveau.

Low Season: 1. Mai-14. Juli, 1. September-20. Dezember. Die Nebensaison ist die Zeit der Backpacker, Preisfüchse und Naturfetischisten. Reduzierte Hotelpreise, die man auch noch verhandeln kann (wenigstens kann man´s probieren), günstige Flüge und keine übervölkerten Strände erfreuen Individualisten mit Bescheidenheit.

Sprache

Wie sollte es anders sein: In Thailand ist die Landessprache Thailändisch. Thai ist eine tonale Sprache, d.h. eine Silbe kann je nach Tonlage, in der sie ausgesprochen wird, unterschiedliche Bedeutungen haben. Englische Konversation mit Thailändern ist eher Glückssache, auch wenn es heißt, Englisch sei in den Touristenzentren weit verbreitet. Die Straßenbeschilderung entlang der Hauptverkehrsrouten und die Sightseeing highlights gibt's auch auf Englisch.

Strom-/Spannung

Die Spannung beträgt 220 Volt. Weil nicht alle Steckdosen auf Koh Samui einheitlich sind, hilft ein Adapter im Gepäck weiter. Am verbreitetsten sind Flachstecker, wie sie z.B. in den USA verwendet werden.

Tauchen & Schnorcheln

Die Unterwelt im Golf von Thailand ist ein faszinierendes Wunderland, dessen spektakuläre Tektonik mit Unterwasserbergen, Gräben, Felsdurchbrüchen und Korallenriffen der Lebensraum für Stachelrochen, Muränen, Barrakudas, Schildkröten und tropische Meereslebewesen ist. Vor allem Walhaie, die dieses Terrain mehrmals im Jahr kreuzen, stehen im Fokus der Taucher. Ganzjährig stabile Bedingungen mit Wassertemperaturen über 28 °C und Sichtweiten bis zu 30 Metern, dazu ein geballtes Angebot an ausgezeichneten Tauchschulen machen die Gewässer um Koh Samui zur formidablen Tauchdestination. Die besten Orte zum Tauchen und Schnorcheln liegen im Osten der Insel. Das Bewährte in allen Ehren, doch der größte Hype in Tauchkreisen geht inzwischen von Koh Tao aus, wo sich die größte Dichte an Tauchstationen formiert hat mit Tauchspots, die für Anfänger, Schüler zu Trainingszwecken gar nicht besser sein können, und spektakuläre Tauchgründe wie Shark Island oder Red Rock, die die anspruchsvolle Herausforderung für progressive Taucher sind. Nahe des Hat Sai Ree gibt es mehrere Orte für Nachttauchgänge, gewachsene, auch artifizielle Riffe mit Betonstrukturen gibt es fast vor der gesamten Küstenlinie, dazu in 30 Meter Tiefe die „HTMS Sattakut“ mit zwei Kanonen, wo erfahrene Wracktaucher ihre Spielwiese haben. Und über alledem. Die Gewässer vor Koh Tao sind auch Walhaien ein Zuhause, in dem sie sich pudelwohl fühlen.

Deshalb empfiehlt es sich, auch wenn man nur auf Koh Samui seine „Urlaubsstation“ hat, in einem Tauchshop einen Ausflug nach Koh Tao zu buchen. Das Preisspektrum der Anbieter ist groß, abhängig von Gruppengröße, Servicequalität, z.B. ob die Exkursionen mit eigenen Booten starten oder mit dem öffentlichen Schiffsverkehr erfolgen. Es gibt Exkursionen über Nacht samt Unterkunft und Verpflegung, doch ein mehrtägiges Basislager auf Tao inkl. tägl. Tauchgängen ist die bessere Option, um den richtigen Vibe für ein tolles Unterwassererlebnis zu generieren.

Tagesexkursionen von Koh Samui schließen den Ang Thong National Marinepark mit ein, inkl. der „Dracheninsel“ Koh Wao, ein erstklassiger Tauchplatz mit überbordender Fülle an Korallen, knallbunten Fischen – und manchmal auch Tauchern. Dies kann einem auch beim Tauchklassiker „Sail Rock“ passieren, Garant für fantastische Unterwasseraufnahmen, nur dass diese kaum gelingen dürften ohne die ungewollte Ablichtung jener Spezies in Neopren, so dicht kann das Gedränge um den begehrten, jäh aus dem Wasser ragenden Felsen sein, besonders beim eintauchbaren Kamin. Auch Koh Yippon, etwas nördlicher, hat tolle Unterwasserhöhlen und Felsdurchbrüche, eine herrlich facettenreiche Szenerie, sanfte Strömung und viele Artgenossen.

Telefonieren

Internationale Vorwahlnummern:

Deutschland:	0049
Österreich:	0043
Schweiz:	0041
Thailand:	0066

Thailändische Inlandgespräche: Unabhängig von Ort und Region, in der man sich befindet, muss immer zuerst die regionale Vorwahlnummer gewählt werden: für Koh Samui 077, für Bangkok 02.

Die für Touristen sinnvollste Praxis, in Thailand zu telefonieren und mobil im Internet zu surfen, ist mit Smartphone und einer thailändischen Prepaid-SIM-Karte, um Roaming-Gebühren und Fremdnetz-Aufpreise zu vermeiden. Zu den gängigsten Mobilfunkanbietern in Thailand gehören dtac, True Move und AIS. SIM-Karten gibt´s fast in jedem 7-Eleven, Tesco oder Supermarkt in verschiedenen Tarifen für mobile Telefonie und mobile Datennutzung. Dort kann sie unter Vorlage des Reisepasses an der Kasse sowohl registriert/aktiviert als auch aufgeladen werden und ist nach kürzester Zeit nutzbar. Da wird der Gang in eines der allgegenwärtigen Internet Cafés – immerhin ausgestattet mit Kamera und Headset – fast zur Nostalgie.

Trinkgeld

Room- und Kofferboys in den Hotels, Fahrer, Kellner und viele andere erwarten den Tip nicht nur, er ist auch Teil ihres Einkommens. Man sollte nicht knausern und auch ein wenig dazulegen, wenn das Trinkgeld in Restaurantrechnungen schon inklusive ist, der Service aber unser Wohlgefallen fand. Etwas Trinkgeld fürs Zimmermädchen im Voraus aufs Bett gelegt, hat schon manch (drohende) lustlose Betreuung in ein Wohlfühl-Engagement verwandelt. Taxifahrer, die in übler Absicht ohne Taxameter operieren oder Ortsunkundige über unnötige Umwege befördern, sollten durch Trinkgeld nicht in ihrem Tun stimuliert werden.

Unterwegs auf Koh Samui

Taxis

Taxifahren wird auf Koh Samui – mit den teuersten Tarifen von Thailand – nur dann kein kostspieliges Ärgernis, wenn der Taxifahrer seine Taxameter-Phobie überwindet oder man freundlich, aber bestimmt den Fahrpreis verbindlich vor Fahrtantritt aushandelt. Dies wird selten zur Zufriedenheit des Fahrgasts ausfallen. Gelassen das nächste wartende Taxi aufzusuchen ... bis keines mehr da ist oder man unbequem, zeitraubend, aber für kleines Geld in einem Sorngthaew Platz nimmt. Der berüchtigtste Ort des Taxi-Clans mit den energischsten Kundenfängern ist am Flughafen von Samui. Am sichersten ist der über das Hotel vermittelte (Taxi-)Transfer, nicht spektakulär, aber mit dem geringsten Betrugspotenzial.

Motorradtaxis

Man erkennt die Fahrer an den orange- oder lilafarbenen Westen mit weißer Lizenznummer. Mit Handzeichen gestoppt und den ausgefeilschten Fahrpreis im Voraus bestätigt, bringen Motorradtaxis den „ultimativen Kick“, denn nachdem man einen Helm und hinter dem Fahrer Platz genommen hat, geht die Post ab ... Der Vorteil: Zeitersparnis, der Nachteil: Wer keinen Schutzengel hat ...

Mietwagen

Die Zahl der Autovermieter ist Legende. Ob Sixt, Thai Rent a car, direkt am Flughafen oder durch Vertretungen in Hotels. Ein internationaler Führerschein ist zum Mieten notwendig, für Fahrten in die Berge und die vielen steilen Passagen ist ein geländegängiger Jeep oder zumindest ein Vierradantrieb mit hohem Radstand erforderlich. Den eigenen Reisepass sollte man bei der Anmietung von Fahrzeugen nie als Pfand hinterlegen.

Roller, Mopeds, Motorräder

Seit auf Koh Samui 2016 die Helmpflicht eingeführt wurde, ist das Gefühl von wilder Freiheit dahin, mit wehenden Haaren über die Insel zu düsen. Das hohe Gefahrenpotenzial motorisierter Zweiräder ist geblieben. Samui ist kein Ort für Fahranfänger! Es herrschen der real existierende Wahnsinn auf Samuis Straßen und das Recht des Stärkeren. Fahrlässige bis rücksichtslose Samuianer haben Heimvorteil, sind den Farangs deutlich überlegen, bei selbstverschuldeten Unfällen oft schnell auf und davon und werden weniger als devisenstarke Urlauber kontrolliert und sanktioniert. Eingegipste Arme, Beine und „Samui Tattoos“, also Schürfwunden vom Gesicht bis zu den Knien und Brandwunden am rechten Unterschenkel (rechts befindet sich der in Betrieb schnell sengend heiß werdende Auspuff) bezeugen Samuis hohe Unfallstatistik. Trunkenheit, Drogen und Unerfahrenheit im Links-

verkehr sind die Quotenbringer der Farangs in der Unfallstatistik.
Roller gibt´s fast an jedem Ort, in vielen Hotels oder bei Vermietern, die das Gefährt sogar zu den Klienten ans Hotel bringen. Mehr als das Feilschen um den Preis sind vor Unterzeichnen des Mietvertrags ein Versicherungsabschluss und die penible Kontrolle von Bremsen, Blinkern, Licht und Reifen unverzichtbar. Tankstellen gibt´s zuhauf, entlang der Ringstraße wird zudem Benzin in Literflaschen verkauft. Auch Werkstätten zur preisgünstigen Behebung von kleineren Malheurs wie einem geplatzten Reifen sind vorhanden. Zum Mieten braucht man einen internationalen (Pkw-)Führerschein, ab 125 ccm Hubraum muss es ein Motorradführerschein sein. Eine sinnvolle Investition: ein wasserdichter Regenschutz.

Sorngthaew

(Thail. „sŏrng·tăa·ou"): So heißen die Pick-ups oder Pritschenwagen, die hupend die Insel umrunden und Fahrgäste einsammeln, die auf zwei auf der überdachten Ladefläche montierten, „komfortlosen" Sitzreihen Platz nehmen. Die Sammeltaxis à la Samui fahren meist entlang der Ringroad inkl. der Chaweng Beach Road. Wer zusteigen will, stellt sich an den Straßenrand und winkt, zum Aussteigen klopft man ans Dach, an die Fahrerkabine oder drückt eine Klingel. Bezahlt wird beim Kassierer oder beim Aussteigen.

Túk-Túks

Die dreirädrigen Moped-„Knatterboxen" gehören zu Thailand wie der Flamenco zu Andalusien, doch auf Samui gibt es sie nur en miniature, als Souvenir, als winzige Trophäen für zu Hause.

Transit Samui Public Bus

Eine jüngere Errungenschaft ist Samuis öffentlicher Transitbus, der von 7.30-21.30 Uhr im Stundentakt zwischen dem Pier von Nathon und dem Flughafen pendelt, und das in zwei Ausführungen: Die rosa Route ist die „Nordschleife", die der Ringstraße via Bangrak, Bophut Fisherman's Village und Mae Nam folgt, die blaue Route fährt via Chaweng und Lamai die Küste hinunter und ab Hua Thanong nach Nordwesten zum Nathon Pier. Von der einen zur anderen Endstation dauert es 1 Stunde (rosa Route) bzw. 1 ¾ Std. (blau). An den Schildern der Haltestellen sind deren Name und eine Routenkarte angebracht.

Longtailboote – Langboote

sind ein notwendiges und verbreitetes Transportmittel, z.B. an der Ostküste Koh Phan Ngans und besonders eine Angelegenheit von Koh Tao, wo man zu vielen Buchten ohne Boot überhaupt nicht kommt. Auf Koh Samui sind es hauptsächlich organisierte Tagesfahrten zum Schnorcheln oder das Fischerdorf Thong Krut, wo zig Schilder verkünden, dass Longtailboote (oder Langboote) zu den nahen Inselchen Koh Matsom und Koh Taen zu mieten oder samt „Käpt´n", Verpflegung und Inselaufenthalt zu chartern sind. Der Mietpreis und Modalitäten sind Verhandlungssache. Für Urlauber vermitteln Ausflüge mit Langbooten vermeintliche Authentizität und Nostalgie, Fischerromantik, doch die Boote, so lang wie schmal, haben an den ewig langen Heckstäben von qualmenden, stinkenden Motoren angetriebene Bootsschrauben und veranstalten einen Heidenlärm.

Zeitverschiebung

In Thailand ist man der Mitteleuropäischen Zeit (MEZ) um 6, während der Sommerzeit (MESZ) um 5 Stunden voraus.

Zollbestimmungen

Komplett verboten ist die Einfuhr aller Arten von Narkotika, Feuerwaffen, pornografischen Schriften und E-Zigaretten (auch IQOS) oder sonstigen Verdampfern. Zollfrei können persönliche Güter wie Kleidung, Kosmetika etc. in angemessener Menge und zum persönlichen Gebrauch eingeführt werden. Ansonsten gilt die übliche Menge von 200 Zigaretten oder 250 Gramm Tabak sowie ein Liter Wein oder Spirituosen.

Geld: Die Ein- und Ausfuhr von Euro und Schweizer Franken ist unbegrenzt möglich. Beträge, deren Gesamtwert über das Äquivalent von US$ 20.000,- hinausgeht, sind jedoch bei der Ein- und Ausfuhr zu deklarieren. Die Einfuhr der thailändischen Landeswährung Baht ist ebenfalls unlimitiert, nur wenn man nach Myanmar, Kambodscha, Laos, Malaysia, Myanmar oder Vietnam ausreist, sind Baht-Beträge über THB 50.000,- deklarationspflichtig.

Antiquitäten: Antiquitäten exklusiver, religiöser oder historischer Art benötigen zur legalen Ausfuhr die Genehmigung des Fine Arts Departments. Über detaillierte Richtlinien informieren die thailändischen Botschaften in Berlin, Wien und Zürich oder die thailändischen Zollbehörden.

Die Ausfuhr von Buddha-Statuen – es sei denn, sie sind so klein, dass man sie an einer Halskette anbringen kann – kann problematisch werden. Um zu verhindern, dass die Buddhas in Europa nicht in unerwünschter Position aufgestellt oder als Briefbeschwerer missbraucht werden, hat Thailand den Export erschwert. Man geht davon aus, dass jemand, der sich extra eine Ausnahmegenehmigung holt, es wirklich ernst meint mit dem heiligen Abbild und ausreichend Respekt mitbringt. Die Ausnahmegenehmigungen erteilt

The Fine Arts Department:

Silpakorn University, Wang Tha Pra Campus, Na Phrathat Road, Phra Nakhon, Bangkok,
Tel. +66 (0)2 2217811,
www.finearts.go.th

Souvenirs: Das Washingtoner Artenschutzübereinkommen regelt Handel, Ein- und Ausfuhr von Elfenbein sowieso, Produkten aus Leder, die von Elefanten, Krokodilen, Schlangen etc. stammen und Exemplare von in ihrer Existenz bedrohten Arten. Vor der Reise (und evtl. Kauf) wird dringend empfohlen, sich über das Washingtoner Artenschutzabkommen und die Liste aller verbotenen Güter zu informieren und bei Bedarf beim Bundesamt für Naturschutz (BfN) einen CITES-online-Antrag zu stellen.

Verhaltenskodex auf Koh Samui

Die Thai sind ein Volk, das an gelebter Kultur und Etikette kaum zu übertreffen ist. Was bei uns als weitverbreitete, regelkonforme und längst nicht mehr hinterfragte Norm gilt, kann im „Land des Lächelns" ein schlimmer Affront sein. Mit Respekt vor fremden Kulturen und untrügerischem Einfühlungsvermögen ausgestattete Urlaubsgäste werden mit ein wenig Zurückhaltung, wacher Beobachtungsgabe und der folgenden Einführung für ihr Kennenlernen von Land und Leuten bestens gerüstet sein.

Begrüßung – der Wai: Sich die Hände zu reichen oder gar kräftiges Händeschütteln zur Begrüßung sind in Thailand unbekannt oder verpönt, werden höchstens im Geschäftsleben bei Vertragsabschluss mit ausländischen Partnern praktiziert. Die traditionelle Begrüßung ist der Wai, bei dem die Hände wie bei Dürers „Betenden Händen" vor der Brust gefaltet werden und sich der Kopf leicht senkt wie bei einer angedeuteten Verbeugung. Es ist eine Geste, die von Ausländern nicht unbedingt erwartet wird, dennoch sollte man als Gast im Land den Wai zumindest kennen. Er ist Ausdruck einer tief verwurzelten Kastenmentalität bzw. sozialen Hierarchie. Rangniedrige und jüngere Personen haben zuerst zu grüßen. Niedriggestellte grüßt man mit einem Wai, bei dem sich die Daumen in Brusthöhe befinden, bei Gleichgestellen werden die Daumen etwa in Höhe des Kinns gehalten. Höhergestellte verdienen den Wai mit den Daumen in Höhe der Unterlippe und Mönche werden mit den Daumen zwischen den Augenbrauen oder auf Stirnhöhe gegrüßt. Europäer neigen aus Höflichkeit dazu, z.B. auch Bettlern und Kindern mit einem Wai zu begegnen, der eigentlich nur einem Gleichgestellten gebührt. Was wir als freundliche Geste betrachten, kommt beim Gegenüber eher einer Verhöhnung gleich. Prinzipiell wird eine eindeutig niedrigere Person allemal mit den Daumen auf Brusthöhe gegrüßt oder besser nur mit einem kurzen Nicken. Übliche Sprachfloskeln zur Begrüßung sind als Frau „Sawadee kha" und als Mann "Sawadee khrab".

Von Kopf bis Fuß: In Thailand heißt´s nicht: „Zeigt her Eure Füße!", gelten diese doch als schmutzig und unrein, sind der am wenigsten geachtete Körperteil. Andere Personen mit den Füßen zu berühren, die Fußsohlen auf Personen, Statuen oder Bildnisse des Buddha (das Allerschlimmste) oder Königs zu richten, ist eine Beleidigung oder gar Affront. Nicht nur beim Besuch eines Tempels, auch vorm Betreten eines Hauses werden die Schuhe ausgezogen. Wer sich als Farang ob seines Tuns nicht ganz sicher ist, schaut, ob vor dem Eingang eines Gebäudes schon weitere Schuhe „parkieren". Beim Eintreten darf ja nicht auf die Schwelle getreten werden, denn hier wohnt die Seele des Hauses.

Den Thai ist der Kopf des Menschen von allen Körperstellen die erhabenste, wo Geist und Seele residieren, und darf von keinem Fremden berührt werden – und um Buddhas Willen niemals mit der linken, der unreinen Hand. Eine Berührung des Kopfes hat etwas Verunreinigendes, wird als tiefste Respektlosigkeit oder gelinde als touristische Dummheit verstanden, wenn diese aus Unwissenheit putzigen Kleinkindern durch die Haare wuscheln. Das Haupt anzufassen, wird allerhöchstens intimen Freunden gestattet. Es wird sogar erzählt, dass in frühen Zeiten ein gesitteter Henker, der einem Verurteilten den Kopf abzuschlagen hatte, im vorneherein seine Entschuldigung für die Berührung des Kopfes aussprach.

Tischmanieren: Traditionell wird in Thailand mit der rechten, der reinen Hand gegessen. Der linken sind Schmutzarbeiten wie die Reinigung beim Toilettengang vorbehalten. Sitzt man im Restaurant in einer Gruppe mit mehreren Personen am Tisch, bekommt man nicht das eigens bestellte Gericht vor sich platziert, sondern alles wird um die Tischmitte angeordnet, so dass sich jeder von allem bedienen kann. Damit es während des Speisens nicht zum Eklat kommt, legt man seine Essstäbchen neben die Reisschale und steckt sie nicht nach oben gerichtet in den Reis, so wie die Räucherstäbchen, die bei der Totenzeremonie für einen Verstorbenen entzündet werden. Oder wünscht man sich den Tod seines „Mitessers“? Dass der Kastenhöchste der Gruppe die Bezahlung der Gesamtrechnung übernimmt, ist nicht mehr verbindlich. Doch Vorsicht ist geboten. Schon manch ein Farang hat es bitter bereut, sich während der Tischgespräche damit zu brüsten, erfolgreicher Inhaber eines Verlags zu sein.

Lächelnd das Gesicht zu wahren: Welch Ruhe und Harmonie liegen über dem Land des Lächelns, das hier Türen (und das zögernde Abwehrverhalten seines Gegenübers) und Tore zu öffnen vermag, im alltäglichen Miteinander sowieso, aber auch bei Behördengängen. So sonderbar und verwunderlich, dass es auf uns irritierend wirkt. Wohlerzogene Samuianer sind so diszipliniert, dass sie in spannungsreichen Situationen immer noch wohlwollend wirken, während wir Europäer schon schreiend mit hochrotem Kopf gegen die Wand laufen. Wild gestikulierend und mit gehobener Stimme Ärger und Wut Ausdruck zu verleihen, ruft in Thailand nur Unverständnis und Abscheu hervor. Einem Schreihals bringt man als absolut primitives, gesichtsloses Geschöpf einfach keinen Respekt entgegen. Thais sind sehr indirekt und zurückhaltend. Bei Auseinandersetzungen ist daher höchstes Fingerspitzengefühl gefragt. Auf keinen Fall

sollte man in der Öffentlichkeit Konflikte austragen. Wutausbrüche, jemanden anschreien oder vor Anderen bloßstellen sind auf Koh Samui absolutes Tabu. Dies führt zum Gesichtsverlust der anderen Person, das Schlimmste, was einem Thai passieren kann. Stattdessen sollte man bei Fehlern und widerfahrenem Unrecht – selbst in banalen Situationen wie der Preisverhandlung mit einem Taxifahrer – nicht griesgrämig und finster dreinschauend harsche Kritik ausüben, sondern mit besagtem Lächeln ...

Die Wahrheit der Lügen: In Thailand gehören bewusst gewählte „Unwahrheiten" zum guten Ton. Selbst Kritik wird so geschickt verpackt, dass man sie als Nichtsahnender beinahe als Kompliment auffassen kann. Deswegen braucht man sich auch nichts darauf einzubilden, wenn jemand die – man weiß es ja besser – ungenügenden Thaikenntnisse als ganz hervorragend lobt. Die Schmeichelei ist Ausdruck einer harmonisierenden Lebenseinstellung oder der Wusch, dem Anderen eine Freude zu bereiten. Ausdrücke wie „abgrundtief schlecht" werden von Thailändern oft mit „nicht ganz sooo gut" beschrieben. Etwas „zutiefst Hässliches" ist „nicht ganz sooo hübsch". In umgekehrter Weise werden Unwahrheiten bewusst eingesetzt: Ein besonders hübsches Kind wird als sehr hässlich bezeichnet, aus Angst, die Geister könnten eifersüchtig werden und ihm schaden. Dennoch sollte man sich davor hüten, es in Sachen „Austricksen der Geister" den Samuianern nachzutun. Da es sich um eine reine Insider-Angelegenheit handelt, könnte der Gegenüber meinen, man fände das Kind tatsächlich abgrundtief hässlich. Es ist also nicht ganz einfach, immer das Richtige zu tun oder zu lassen. Doch mit auf „high sensitive" geschalteten Sensoren und einem paraten entschuldigenden Lächeln, wenn man sich nicht sicher ist, einen gravierenden Fauxpas begangen zu haben, werden Fehler bewusst übergangen, schließlich sind die Thai ein Volk der Toleranz und werden mit der viel gehörten Floskel beschwichtigen: „Mai pen rai" – „Das macht doch nichts".

Indiskrete Diskretion: Es passiert immer wieder: Kaum sitzt man im Taxi, wird der Fahrer persönlich, stellt Fragen, deren Antwort hierzulande nicht jeder Fremde wissen muss. Belanglos mit dem Alter und Familienstand begonnen, interessiert es ihn vor allem, was das monatliche Salär im Job ist, welche gewichtige Position man innehat. Diese Neugierde ist keine indiskrete Taktlosigkeit, sondern will herausfinden, welchem Rang und Status der Fahrgast zuzuordnen ist. So lernt der Fahrer die Relation innerhalb der gesellschaftlichen Hierarchie zwischen beiden einzustufen und wird dem Verhaltenskodex im Land entsprechend korrekt reden und handeln. Wer nicht als protziger Millionär dastehen bzw. dasitzen will, kann die Gehaltsfrage ausweichend beantworten: „Mai poor", also „Nicht genug".

Auf dem Land, außerhalb der Touristenzentren sind intensive Küsse in der Öffentlichkeit den wackeren Thai ein Tabu, das sich von jüngeren Generationen nur langsam aufzuheben scheint. Nach wie vor wird in Thailand die vor allen Blicken hingebungsvoll schmusende Frau als „leichtes Mädchen" eingestuft. Dass die meisten thailändischen Männer in zwielichtigen Massagesalons verkehren und die wohlhabenderen fast alle eine Geliebte haben, spielt dabei keine Rolle. Hingegen finden es die Thai völlig normal, wenn Männer Händchen haltend herumspazieren, was nichts mit zur Schau gestellter Homosexualität zu tun hat, sondern lediglich freundschaftliche Verbundenheit signalisiert.

Von Frau zu Mönch: Separat markierte Sitzplätze im Bus zeigen, dass ein Mönch einen Platz zum Sitzen braucht und dass sie am besten unter sich und für sich sitzen. Buddhistischen Mönchen ist der körperliche Kontakt zu Frauen untersagt. In unmittelbarer Nähe ist deswegen für diese Vorsicht angesagt. Sollte es dennoch zu einer selbst unbeabsichtigten Berührung kommen, hat sich der Mönch einem kasteienden Reinigungsritual zu unterziehen. Deswegen legen Frauen Gaben und Speisen auf ein Tuch vor dem Mönch oder geben sie an eine männliche Person, die diese gefahrlos dem Mönch weitereichen kann. Unverfängliche Gespräche zwischen Frauen und Mönchen oder die Bitte um eine Segnung durch den Mönch sind hingegen völlig bedenkenlos.

‚lèse-majesté‘: Majestätsbeleidigung

Die thailändische Monarchie ist eine konstitutionelle. Der König ist Staatsoberhaupt und zudem oberster Hüter der Religion. Er – und mit ihm die königliche Familie – genießt uneingeschränkten Respekt. Mit einem Absolutheitsanspruch, der über die Jahrhunderte unverrückbar war und eines der unantastbarsten Tabus in Thailand ist. Es gilt „lèse-majesté“: Abfällige Bemerkungen, Kritik, selbst unbedachte, leichtsinnige Äußerungen oder Handlungen erfüllen den Tatbestand der Majestätsbeleidung und werden mit bis zu 15 Jahren Haft bestraft. Auch bei Verbreitung im Internet oder über soziale Medien, selbst Retweets und das Teilen von kritischen Beiträgen über das Königshaus fallen darunter. Am ehesten können Touristen mit dem lèse-majesté in Konflikt geraten, sollten sie gedankenlos eine Banknote mit dem Porträt des Königs zerknüllen oder mit dem Fuß auf eine heruntergefallene Münze treten. Dass der Tatbestand der Majestätsbeleidigung weit ausgelegt werden kann, sollte im Gedächtnis bleiben.

Die tief verwurzelte Verehrung des thailändischen Volkes gegenüber dem Königshaus erhielt reichlich Nährstoff durch die ungemein beliebten Könige Rama V. und Rama IX., Bhumibol Adulyadej, der in ähnlichen Zeitdimensionen wie Elizabeth II. regierte. Mit Maha Vajiralongkorn, Rama X., sind allerdings, früher völlig undenkbar, wegen dessen diktatorischen Führungsstils, ausschweifend skandalträchtigen Privatlebens und latenter Demokratiefeindlichkeit Schatten über den „ewigen“ Royalismus getreten. Und vor allem junge Menschen und eine progressive Avantgarde in Bangkok beginnen sich gegen das Establishment aus Militär und Monarchie aufzulehnen.

Seine Majestät König Maha Vajiralongkorn

Tempelgang

Wie in ganz Thailand gelten auf Koh Samui beim Besuch von Tempeln oder Klöstern Verhaltensregeln, deren Missachtung fehlendem Respekt gegenüber den Einheimischen und dem Buddhismus gleichkommt. Schließlich besteht die überwältigende Mehrheit von Koh Samuis Bevölkerung aus bekennenden Buddhisten, für die ein Tempel kein Ort zur Besichtigung, sondern für Gebete ist, zu denen man die Menschen in ihrer Ruhe nicht stören sollte. Es versteht sich von selbst, dass man in geheiligten Stätten besonders auf angemessene Kleidung achtet, nicht zu viel Haut zeigt. Nur an wenigen Orten, wie Big Buddha, gibt es für Frauen in knappen Miniröcken, zu kurzen Tops oder Männer in Shorts und Muskelshirts (Hand-) Tücher, die sie sich umwickeln und überhängen können, um Schultern und Knie bedeckt zu halten. In Samuis Öffentlichkeit sowieso nicht gern gesehen, sollten Paare das öffentliche zur Schau-Stellen von Zärtlichkeiten während des Tempelbesuchs unterbinden. Fotografen, das Motiv des Jahres vor Augen, steigen dafür dem Buddha nicht auf den Bauch, und statt mit ausgelassenem Gekreische und Geplärre führt man Gespräche mit gedämpfter Lautstärke. Doch nicht nur auf Restriktionen, auch auf nicht gekannte (Klang-) Erlebnisse stoßen Besucher in Koh Samuis Tempeln, schließlich spielen Klänge und Töne im Buddhismus eine wichtige Rolle. Die Klanginstrumente sind kleine oder etwas größere Tempelglocken, die auch von Nichtbuddhisten, dem touristischen Laien, zum Klingen gebracht werden können – mit Bambusstöcken aus aufgestellten Körben. Gibt es eine ganze „Batterie" von Glocken, stößt man diese von Anfang bis zum Ende an. In fast jedem Tempel gibt es an Seilen aufgehängte Gongs, die mit einem Holzklöppel anzustoßen sind. Ein mächtiger Gong erzeugt nahezu Paukenklänge (hört man da den Ursprung des Menschen?), doch am meisten berühren das ganz leise Ertönen eines Gongs unser tiefstes Inneres (die Seele eines Menschen?). Also nicht mit dem Holzklöppel draufgehauen, sondern mit den Händen sanft über die Aushebung streichen! Man wird sie so nicht immer zum Klingen bringen. Doch wenn die Scheiben anfangen, ihren säuselnden Singsang zu verbreiten, hat der Staunende einen Wunsch frei.

Reliquien

Die Reliquienverehrung ist weit verbreitet. Es gibt kaum einen Tempel, der sich nicht rühmt, wenigstens eine klitzekleine heilige Reliquie zu besitzen. Nach dem Zeugnis eines kanonischen Textes empfahl Buddha den Laien, religiöse Einsichten bei ihrer Verehrung zu erlangen. Es können so viele Tempel und Klöster mit Reliquien versorgt werden, weil in Thailand auch Gebrauchsgegenstände der Heiligen wie Kleidung oder Almosenschalen als Reliquien gelten. Außerdem hielt man sich an Buddhas Ausspruch, dass „der, der den Dharma sieht, mich sieht". Sein Dharma-Körper, bestehend aus den heiligen Schriften oder einem Teil daraus, manchmal in ein kostbares Metallstück eingraviert, konnte als mit der Lehre in Einklang stehendes Äquivalent für eine körperliche Reliquie angesehen werden.

Wichtiges Tempel-Vokabular:

Bot: Gebäude im Tempel, in dem religiöse Zeremonien durchgeführt werden.

Chedi: Glockenförmiger Turm, in dem häufig die Reliquien des Buddha oder einer anderen verehrungswürdigen Person aufbewahrt werden.

Chofa: An den Giebeln von Tempeldächern angebrachtes Ornament, das wie eine Flamme aussehen kann.

Garuda: Mystischer Vogel, auf dem Gott Vishnu reitet, halb Mensch, halb Tier.

Mondop: Quadratischer Bau mit gewölbtem Dach, der häufig über einer Reliquie errichtet wird, z.B. über einem Fußabdruck des Buddha

Phra: Bezeichnung für den Buddha, Statuen Buddhas oder auch Mönche.

Prang: Länglicher Turm, hauptsächlich bei Khmer-Bauwerken, die Spitze ist gewöhnlich abgerundet.

Prasat: Turmartiger Bau aus der Khmer-Architektur. Das Wort kann auch einen gesamten Tempelkomplex bezeichnen.

Sema: An einem Bot platzierter Grundstein. Unterscheidet so den Bot vom Viharn.

That: Reliquien-Turm aus der Architektur Nordost-Thailands mit quadratischem Sockel.

Viharn: Tempelgebäude, in dem geheiligte Objekte aufbewahrt werden. Hier werden wichtige Zeremonien abgehalten.

Wat: Buddhistischer Tempel.

KOH SAMUI

WILLKOMMEN IN BUDDHA-LAND

Unterwegs auf Koh Samui

Unterwegs auf Koh Samui, stößt man unweigerlich auf religiöse Stätten buddhistischen Glaubens – und somit auf Bildnisse des Buddha, die sich gleichen wie ein Ei dem anderen und verschieden sind wie Tag und Nacht: so wie – gar nicht so weit voneinander entfernt – der „Big Buddha" im Wat Phra Yai und der „Happy Buddha" im Wat Plai Laem. Aber jener verkörpert, sagen die, die es wissen, Bùdài, auch Hotei genannt, einen chinesischen Bettelmönch aus dem 10. Jh., der besitzlos, doch stets gut gelaunt und lächelnd die Tugend der Selbstgenügsamkeit predigte, dass der, der mit wenig zufrieden ist, den größten Reichtum besitzt, symbolisiert durch den großen Wanst (der damit keineswegs durch Völlerei verursacht ist). Und dennoch sind unsere Vorstellungen eines meditierenden Asketen wie Siddharta Gautama ganz anders, des großen indischen Weisheitslehrers und Religionsstifters, den wir mit Buddha verbinden.

Buddhismus ist so einfach in seinem Wesenskern, in seinen Grundgedanken und so komplex in seinen Ausprägungen und Auslegungen, die sich in seiner jahrtausendealten Geschichte, viel älter als das Christentum, generierten, dass es in Koh Samui – längst vom spirituellen Naturidyll zur kommerziellen Ferieninsel „konvertiert" – unmöglich ist, in seine Geheimnisse vorzudringen oder auch nur den Weg eines – pathetisch formuliert – „Erwachenden" oder „Erleuchteten" anzutreten.

Die Zeit der Aussteiger und Heilssucher an Thailands Gestaden, speziell auf Koh Samui, ist schon lange vorbei. Die Sehnsucht nach Sinn- und Seinserfüllung, nach fernöstlicher Spiritualität ist jedoch geblieben. Und die Worte des tibetischen Mönchs Padmasambhava, die er vor mehr als 1200 Jahren verkündet haben soll – sie klingen wie die Verse eines asiatischen Nostradamus – haben den (Kult-)Status einer (drohenden oder verheißungsvollen) Prophezeiung erlangt: „Wenn der Eisenvogel (durch die Lüfte) fliegt und die Reitpferde auf Rädern rollen, werden die Männer aus dem Schneeland ihre Heimat verlassen und der Dharma, die Lehre Buddhas, wird in die Länder der Männer mit den roten Wangen kommen."

Seltsame Sätze und ein seltsames, beklemmendes wie befremdendes Gefühl mag einen beschleichen, wenn man auf dem Weg zurück in die Heimat in Gedanken sinnierend auf der Rolltreppe in das wartende Flugzeug steigt.

Sightseeing Tour – einmal rund um die Insel

Es gibt sie tatsächlich: Menschen ohne Orientierungssinn. Man erkennt sie daran, dass sie Hilfe suchend ruhelos um sich blicken. Sie haben es schwer, weil sie sich in der Fremde unwohl fühlen. Sie halten sich in Gruppen auf, laufen anderen hinterher und träumen insgeheim davon, mal ganz allein in die entgegengesetzte Richtung wegzulaufen und endlich das „eigene Ding zu machen". Für sie alle ist Koh Samui die Rettung, denn die Hauptstraße führt als Ringstraße rund um die Insel und schließlich wieder zum Ausgangspunkt zurück. Schluss mit den heimlichen Besuchen bei Selbsthilfegruppen für anonyme Orientierungslose! Stattdessen das Schicksal oder wenigstens die Reisekarte in die Hände gepackt! Die grünen, kostenlos ausgegebenen Landkarten sind der optimale Start für ein selbstständiges Abenteuer und vielleicht der Beginn eines neuen Lebens ...

Wir beginnen die Rundreise in **Nathon**, der Inselhauptstadt. Sie bietet Besuchern kaum Interessantes, darum geht es gleich weiter, gegen den Uhrzeigersinn und auf der Straße 4169 nach Süden aus der Stadt hinaus. Nach zweieinhalb Kilometern biegt links eine asphaltierte Straße ab, die zum ersten Ziel führt: der **Hin-Lad-Wasserfall**.

Nach einem kurzen Fußmarsch erreicht man das erste Plätschern eines Wasserfalles, das aber nichts ist zu dem, was noch kommt. Den richtig ernst zu nehmenden Aufstieg erkennt man an einer blauen Blechdose, die kaum sichtbar an einem Baum hängt und um 20 Baht Eintrittsgeld bittet. „Zwei Kilometer zum Wasserfall“ heißt es am Fuße des zu erklimmenden Berges. Wer den schmalen, steinigen Pfad hinaufwandert, glaubt irgendwann nicht mehr so recht an die Streckenangabe. Es empfiehlt sich, ordentliche, feste Schuhe zu tragen, denn ein Barfußmarsch wird zu einer die Fußsohlen peinigenden Tortur. Obwohl der Aufstieg schweißtreibend und mühsam ist, lohnt sich der Ehrgeiz, „bis zum Letzten zu gehen“. Ein kluger Junge, der am Ziel frisch gekühlte Getränke verkauft, ist sicher der beliebteste Mensch weit und breit. Es ist wunderbar, einige Zeit dem Rauschen des Wasserfalls zu lauschen und ein kühles Fußbad zu nehmen. Eine junge Thailänderin erzählt begeistert, dass auch hier eine Szene aus dem Film „The Beach“ gedreht wurde, nämlich die, in der Richard, gespielt von Leonardo DiCaprio, tollkühn den Wasserfall hinunterspringt und so den Weg ins Paradies findet. Von einer Nachahmung ist dringend abzuraten! Besser verbindet man diesen Ausflug mit einem Picknick. Man kann dabei ausgiebig die großen, schwarzen Libellen beobachten, die wie winzige Hubschrauber aussehen. Noch eine interessante Erfahrung kann man machen, wenn man sich beim Abstieg an eine Felswand lehnt und zum sinnlichen Erleben des Tropenwaldes einige Sekunden die Augen schließt. Bloß nicht erschrecken, wenn man die Augen wieder aufmacht und direkt in die Linse einer Videokamera schaut! Denn nicht man selbst steht im Fokus! Objekt des Interesses ist eine schwarz-grün gestreifte Schlange, die sich fünfzehn Zentimeter neben der Schulter den Stein hinabschlängelt.

Wem die Luft für solch anstrengende Unternehmungen zu dünn ist, geht vom Parkplatz aus nicht rechts den Hügel hinauf, sondern nach links über eine kleine Brücke. Hier kommt man in einen schattigen Garten, in dem der kleine buddhistische Waldtempel **Wat Suan Dhamapala** liegt. Tritt man ein, taucht man unmittelbar in die Stille dieses Ortes, der eingerahmt ist von Bäumen und Vogelgezwitscher. Meistens sitzen hier Mönche des Klosters, die Fremden gegenüber sehr zugänglich sind und sich gern auf ein Gespräch einlassen. Sie führen mit Freuden durch den Tempel, der von den Mönchen liebevoll gepflegt wird. Schließlich geht es zurück zur Straße 4169, in die wir links abbiegen. Nach etwa sechs Kilometern gabelt sich der Weg und wir biegen in die Straße 4170 ein. Die nächsten sechs Kilometer genießen wir einfach den Fahrtwind im Haar und den Anblick der Palmenwälder, die immer wieder unterbrochen werden durch Ausblicke auf das Meer. Auf der linken Seite liegt in einer Kurve die unübersehbare Schlangenfarm **Phangka Snake Farm**. Wer tollkühn genug ist, kann einen Blick auf die tödlichsten Schlangen der Welt werfen. Selbstverständlich gibt es auch hier verschiedene Shows, neben Schlangen mit Insekten und Skorpionen, die spannende Kämpfe „Mann gegen Schlange“ und „Mann mit Schlange“ zeigen. Der Eintrittspreis (11-17.30 Uhr) beinhalt die Shows, die um 11 und 14 Uhr beginnen. Es ist allerdings kein Ort, wo man sich um Richtlinien des Tierschutzes und der Hygiene kümmert.

Wer jetzt Lust auf einen Bootsausflug hat, biegt rechts ab zum Dorf Ban Phang Ka. Hier kann man Langboote mieten, mit denen Schnorcheltouren entlang der Küste und zu den zwei kleinen, vorgelagerten Inseln Koh Taen und Koh Matsom angeboten werden. Der Tagespreis für einen Tagesausflug mit dem Langboot beträgt 800 bis 1200 Baht, je nach Laune der Bootsführer. Oft bieten diese auch Vollverpflegung an, dann kostet es ein wenig mehr, ist aber immer noch sehr preiswert. Es ist spür-

Laem-Sor-Pagode

bar, dass wir uns in einer Gegend befinden, die weniger touristisch ist als anderorts (weshalb die Restaurants sehr preisgünstig sind). Wahrscheinlich liegt das auch am Strand, der hier nicht ganz so einladend ist und keinen ganz so feinen Sand bietet.

Weiter geht's auf der Straße 4170, bis wir nach etwa drei Kilometern zu einem Weg kommen, der rechts zur **Laem-Sor-Pagode** führt (ist ausgeschildert), ein goldenes Heiligtum direkt am Meer, dessen Eingang von zwei martialischen Tempelwächtern flankiert wird und dessen Fassade über und über mit ockergelben Fliesen verkleidet ist. Man sagt, hier soll über Jahrzehnte hinweg etwas Asche von Buddha versteckt gewesen sein. Dies muss nicht viel bedeuten, da dies fast alle Tempel von sich behaupten. Das Schönste ist hier der Blick auf die Inseln Koh Matsom und Koh Taen.

Wieder auf der Straße 4170, geht es in östlicher Richtung weiter, bis wir nach ein paar Kilometern nach links auf die Straße 4173 abbiegen. Wer geradeaus weiterfährt, kommt zum **Samui Aquarium & Tiger Zoo** mit um Koh Samui beheimateten Meerestieren.

Auf unserer Rundreise folgen wir der Straße 4173 (s.o.). Bald weist linkerhand das Schild **„Tropical Zoo“** auf einen Zoo hin, der mit unserer Vorstellung von Tierpark wenig zu tun hat. In winzigen Käfigen vegetieren Tigerkatzen, Riesenschildkröten, Eulen, Affen, Otter und Vögel vor sich hin. Wer Tiere liebt, sollte sich diesen Besuch ersparen oder eine nächtliche Befreiungsaktion daraus machen. Wer einmal einen Seeadler in freier Wildbahn gesehen hat und dieses mächtige, majestätische Tier plötzlich in einem Käfig sieht, der dem Raubvogel nicht einmal das Spannen seiner Flügel erlaubt, dürfte bei diesem Anblick regelrechte Wutausbrüche kriegen. Die „Zoowärter“ verlangen für das Begehen der ungepflegten Wege 100 Baht. Doch kann eine Besuchsverweigerung dieses Zoos guten Gewissens empfohlen werden? Denn wenn die Touristen ausbleiben, wird es auch in Zukunft kein Geld für größere Käfige und artgerechte Haltung geben. Oder es kann dem Zoo ein ähnliches Schicksal wie dem nahen **Na Tian Butterfly Garden** ereilen, der themenübergreifend Schmetterlinge, Bienenstöcke, Skorpione und Insekten in einem Wirrwarr zwischen Magie und Schrecken präsentierte, dabei, ohne klares Konzept und notwendigem Enthusiasmus, zunehmend verschmutzte und verwilderte, bis das Besucherinteresse schwand und der Butterfly Garden geschlossen werden musste.

Es ist mal wieder Zeit für eine Abkühlung. Darum geht es jetzt auf der 4173 weiter, bis wir die Straße 4169 kreuzen und zum **Na-Muang-Wasserfall** gelangen, wo auf Elefantenrücken halb- oder einstündige Dschungeltouren unternommen werden können. Kaum jemand wird es sich nehmen lassen, in dem herrlichen, natürlichen Becken des Wasserfalls eine Runde zu drehen. An kaum einem anderen Ort präsentiert sich Koh Samui so herrlich erfrischend! Reizvoll ist es, hinter den knapp 20 Meter breiten Wasservorhang zu schwimmen. Doch richtig imposant ist der Wasserfall nur während und nach der Regenzeit. Wer in der Trockenzeit hierher kommt, wird sich über das unspektakuläre Rinnsal wundern, für das so viel Aufhebens gemacht wird. Für ein erfrischendes Bad reicht das Wasser auch dann allemal. Einen ganz besonderen Zauber hat dieser Ort in den frühen Morgenstunden, wenn noch kein anderer Tourist auf den Beinen ist.

Na-Muang-Wasserfall

Wat Khunaram Tempel

Für die Anfahrt bzw. Aufstieg sind einige Dinge zu beachten. Man parkt besser nicht beim ersten Parkplatz bei der Elefantenstation, sondern fährt weiter bis zu einem steilen Abzweig nach links zu einer Parkfläche, wo man das Fahrzeug abstellt und über eine Holzbrücke in fünf Minuten zu Fuß das Becken des Na Muang 1 erreicht. Wer nicht nur baden will, sondern das imposantere Naturschauspiel von Na Muang 2 weiter oben bestaunen will, wo über Steilklippen das Wasser gar 80 Meter in die Tiefe stürzt, muss dazu einen halbstündigen Aufstieg und Kletterpfad teilweise über rutschige, nasse Felsen und durch dichten Dschungel in Angriff nehmen. Moskitospray und festes Schuhwerk sind obligatorisch: Rutsch-, (Ab-)Sturzgefahr!

Nach dem Bad geht es auf der Ringstraße weiter Richtung Osten, bis wir auf der rechten Seite den buddhistischen **Wat Khunaram** (9-18 Uhr, Eintritt frei, Spende erwünscht) entdecken. Man sollte hier unbedingt kurz aussteigen und wenigstens die Mönchsmumie ansehen, die zu den größten Attraktionen Koh Samuis gehört. Bei der Mumie handelt es sich um den Körper eines ehemals reichen Samuianers, der im fortgeschrittenen Alter allen weltlichen Gütern entsagte, um sich nur noch seinem spirituellen Wohlbefinden zu widmen. Ein paar Tage vor seinem Tod wies er seine Anhänger an, ihm einen Sarg zu bauen. Laut Überlieferung weigerte sich der Leichnam des Mönchs, der genau an dem von ihm vorhergesagten Datum starb, einfach zu verwesen. Der Leichnam kam in einen gläsernen Schrein und kann heute noch von jedermann besichtigt werden. Wer Angst davor hat, das erste Mal mit den sterblichen – in diesem Falle ja nicht! – Überresten eines Menschen konfrontiert zu werden, braucht sich keine Sorgen zu machen. Die Mumie trägt neben ihrer safranfarbenen Mönchsrobe eine schwarze Sonnenbrille, was dem Anblick jede Spur von Grusel nimmt. Vor dem Wat Khunaram führt nach links eine Stichstraße (unscheinbar ausgeschildert) zum bekannten Coral Buddha, der von den Mönchen des Wat Samret auf der anderen Straßenseite verehrt wird.

Der **Wat Samret** besticht durch seinen leisen, morbiden Charme. Hier stehen für einmal nicht überdimensionierte Figuren-Kolosse im Mittelpunkt, hier gibt´s kein Stop and go durch Reisegruppen unter Zeitdruck. Es ist Stille angesagt, gleich nach dem Eingang folgen Reihen von etwas verwitterten Grabmonumenten, der große Haupttempel ist außen reich verziert, doch nur in der Früh um sieben für die Gebete der Mönche geöffnet. Uns zieht es in die unscheinbare kleine „Secret Hall of Buddhas" links dahinter. Trotz der

Wat Samret Tempel

beiden furchteinflößenden Tempelwächter ist die Eingangstür stets offen. Die Rückwand dominiert eine exponierte große Buddha-Statue, die linke Seite ein liegender, blendend weißer Buddha aus Marmor („Reclining Buddha"). Doch einzigartig ist die Ansammlung von Dutzenden sitzender Buddhas, in Reih und Glied, lebensgroß und fast lebensecht, allerdings mit Altersspuren, die die Zeit im Stein und Gips hinterlassen hat. Eine Versammlung? eine Klasse von Schülern vor dem großen Meister? Ein Gleichnis für uns alle? Wir wissen es nicht. Der Buddha aus weißer Jade im Wat Samret kann nur auf Anfrage besichtigt werden. Auf unserer Fahrt markiert das Schild „White Jade Buddha Temple/Wat Samret" die Abzweigung von der Ringstraße.

Ostwärts fährt man weiter auf der 4169, bis die Straße beim Dorf Ban Hua Thanon das Meer erreicht. An dieser Stelle biegt man scharf links ab oder stellt sein Fahrzeug ab, um den noch relativ jungen **Guan Yu Koh Shrine** zu besuchen, der die für einen „Newcomer" erforderlichen Kriterien erfüllt: modern, schrill und bunt. Und er hat einen Dominator, Terminator oder asiatischen Herakles: die martialische

Guan Yu Koh Shrine

Figur des Generals Guan Yu, eine 16 Meter hohe Bronzestatue, à la Pop Art knallbunt angemalt. Auch Buddhisten können diesen chinesischen Warlord, der zu Ende der Han-Dynastie gegen aufbegehrende Bauern (die Gruppierung „Gelbe Turbane") wütete, verehren als die Verkörperung von Mut, Treue und Gerechtigkeit, die in der fernöstlichen Mentalität auch den Erhalt des Status quo beinhaltet.

Auf dem weiteren Weg, der uns jetzt in nordöstliche Richtung führt, passieren wir auf der rechten Seite den **Wat Ratchathammaram**, auch unter den Namen „Snake Stone Pagoda" oder „Wat Sila Ngu" geläufig, in dem sich selbstverständlich ebenfalls Asche oder gar eine Reliquie von Buddha befinden soll. Definitiv vorhanden und in ganzer Pracht sichtbar sind das reich verzierte markant rote Tempelgebäude, ein goldener Chedi und Schlangensymbole an der Freitreppe hinunter zum Strand.

Hin Ta Hin Yai

Einige Kilometer weiter und man erreicht die Felsformationen **Hin Ta Hin Yai** („Großvater und Großmutter"). Der Weg dorthin ist kaum zu verfehlen, da dies eine der Hauptattraktionen der Insel ist und dementsprechend viel Trubel und Kommerz herrschen. Bevor man zu den berühmten Steinen kommt, die an Phallus und Vagina erinnern, passiert man eine Straße mit etlichen Souvenir- und Ramschgeschäften, die bunte Kleider, Kokosöl und allerlei Schnickschnack verkaufen, und überteuerte Imbissbuden. Wenn man ans Meer kommt, entdeckt man sofort den Riesenphallus, der aus den Felsen herausragt. Für viele ist dieser Ort nichts Außergewöhnliches, andere wiederum sehen in der geologischen Zufälligkeit etwas ganz Besonderes und pilgern zu den Fruchtbarkeitssymbolen, wenn sie auf Kindersegen hoffen. Egal, welche Meinung stimmt, einen Besuch sind die Felsformationen auf jeden Fall wert. Man mag kaum glauben, dass die Natur als Bildhauer – vom Meerwasser erodierter („erigierter?") Granit – hier ohne fremde Hilfe am Werk war. Die Legende will, dass vor langer, langer Zeit die Großeltern Ta Khreng und Yai Riam mit dem Boot übers Meer reisten, der Brautwerbung wegen, im tosenden Sturm kenterten, in den Fluten umkamen und, an Land gespült, zu diesen beiden Felsen versteinerten. Wer dem „Es war einmal" und den skurrilen Wacken wenig abgewinnen kann, hat zumindest einen tollen Blick auf die umliegenden, mit Felsen versetzten Buchten. Die Aussicht gen Norden zeigt einen der zwei größten und belebtesten Strände Koh Samuis: den Lamai Beach.

Wen Hin Ta Hin Yai zu rühren weiß, ist auch bereit für den richtigen Wumms: den **Overlap Stone**. Ganz in der Nähe von „Großvater und Großmutter“ führt von der Ringstraße eine Abzweigung, die nicht allzu lang ist, aber knackig steil wird, zu diesem phänomenalen Naturdenkmal. Von wem und für wen, ist nicht aufgeführt, die Natur halt! und ihre Kräfte bzw. die Schwerkraft und unser Staunen, wie dieses Monstrum von Stein sich auf dem blanken, abgeschliffenen Felsenrücken balanciert hat und bis heute nicht gen Tal gedonnert ist. Nach einer Weggabelung ist der Weg beschildert, und man wird staunen, wie viel Schweiß in so kurzer Zeit aus den Poren strömt, was mit einem starken Motocross-Gefährt abgemildert werden kann. Oben angekommen und über die Holzbrücke marschiert, hat man einen faszinierenden Blick auf die Tropenvegetation und das Meer, doch der Blickfang ist konkurrenzlos der gigantische Stein.

Overlap Stone

Die Reise geht weiter Richtung Norden, bis die Ringstraße einen scharfen Knick nach rechts vor dem kleinen Dorfmuseum von Lamai (Lamai Cultural Hall) macht. Im alten Holzgebäude findet man eine Sammlung von Werkzeugen, Keramik, Waffen, Instrumenten und anderen Fundstücken der Gegend. Auch ein Tempel und mehrere kleine Chedis sind ausgestellt.

Weiter geht es auf der Straße 4169. Eine Abzweigung nach links führt zum wunderbaren Spa- und Wellness Center „Tamarind Springs“. Wer sich einen Tag vom Edelsten verwöhnen lassen will, hält am besten an und macht gleich einen Termin aus! Die Ringstraße hingegen steigt für fünf Kilometer steil an und führt einen Bergrücken hinauf. Rechterhand passiert man das Restaurant „Jubilee“, das nach mehreren Besuchen zu unserem Lieblingsrestaurant erkoren wurde und Thailändisch vom Feinsten bietet. Vor dem höchsten Punkt der Straße liegt rechts ein paar Meter weiter ein gutes Meeresfrüchte- und Fischrestaurant („Big Rock“) mit einem wunderbaren Ausblick auf die Felsformationen im Süden.

Wat Phu Khao Thong Tempel

Nach einer kurzen Wegstrecke gelangt man zu einem der schönsten Aussichtspunkte von Koh Samui, dem **Phu Khao Ma Ngaen**. Der Ausblick ist sensationell schön, reicht über einen Teil des Chaweng Beach, den Nordosten der Insel und die Nachbarinsel Koh Pha Ngan. Hier oben hat eine schlaue Geschäftsfrau das „Beverly Hills Restaurant" erbaut. Wie wäre es mit einem erfrischenden Drink vor der Weiterreise? Die reichhaltige Speisekarte bietet etliche Leckereien und der Ausblick macht das Ganze zum besonderen Genuss. Die Terrasse eignet sich gut zum Briefeschreiben (ein Hoch auf die fast vergessene Tradition!). Niemanden stört es, wenn man stundenlang mit dem Stift in der Hand herumsitzt und sich von der Gegend inspirieren lässt. Unterhalb des Restaurants an den Klippen gibt es einige Bungalows, die sehr sauber und recht preiswert sind. Eine traumhaftere Lage ist kaum vorstellbar und ein Kurzaufenthalt von zwei, drei Tagen sollte hier schon drin sein.

Die Weiterfahrt auf der Ringstraße geht nun steil bergab in Richtung Chaweng Beach. Unten kommt man zur schönen Sandbucht **Coral**

Cove mit glatt gewaschenen Felsformationen. Schnell die Taucherbrille aufgesetzt und eine Runde geschnorchelt! Von einem ausgedehnten Strandaufenthalt ist abzuraten, da die Bucht direkt an der Ringstraße liegt und der Verkehrslärm bis zum Strand dringt.

Wir fahren weiter auf der Straße 4169, bis wir nach wenigen Kilometern linkerhand die Elefanten entdecken, auf deren Rücken man eine Trekking-Tour in die Berge machen kann. Wer noch nie auf einem dieser imposanten Dickhäuter gesessen ist (und kein Verfechter von Artenschutz ist, denn das Elefantenschicksal auf Koh Samui macht sie zu nicht Art-, aber Leidensverwandten der Makaken der Insel), sollte dies unbedingt (?) einmal tun. Man kann individuell einen Termin vereinbaren und für 500 Baht die Welt von oben betrachten. Auch ein langsamer Ritt durch die Mittagshitze ist recht anstrengend und eine Stunde reicht völlig aus.

Zurück auf der 4169, kommt man an der **Shootingrange** vorbei. Man sollte sich nicht einschüchtern lassen von den vielen Schwarzuniformierten vor dem Eingang. Es sind Polizisten, die meist nur zu ihrem Privatvergnügen hier sind, um ihre Schießkünste zu zelebrieren. „Safety first“ steht in großen Lettern über den Schießkabinen, was die Jungs, die hier als Lehrer arbeiten, auch akkurat umsetzen. Für jeden, der noch nie eine Waffe in der Hand hatte, kann das beru-

Weg an der Bucht von Coral Cove

higend sein. Die Lehrer, von denen jeder Besucher einen eigenen zur Seite bekommt, wurden alle an der Waffe ausgebildet und sind ehemalige Soldaten oder Polizisten. Wenn die Waffe ausgewählt wurde, gibt's zuerst einen Kopfhörer auf die Ohren, was die Kommunikation etwas erschwert. Die Ausbilder neigen deswegen dazu, die Pistole oder das Gewehr selbst zu laden. Was natürlich Quatsch ist, da das Laden absolut dazugehört. Zumindest einmal im Leben, und sei man noch so antimilitaristisch veranlagt, sollte man dieses Gefühl erlebt haben, die Patronen in die Trommel zu stecken. Einer der größten Anfängerfehler ist, sich nach dem ersten Schuss mit der Waffe in der Hand umzudrehen und diese auf den Lehrer zu richten mit der Frage: „Wie war ich?“ Die Ausbilder finden das weniger gut und drehen einen energisch wieder in die richtige Richtung. Also darauf achten: Schießen, die Waffe hinlegen und sich erst dann an den Lehrer wenden. Macht einen besseren Eindruck und bringt weniger Schärfe in die Sache! Der ganze Spaß kommt allerdings nicht gerade billig, zur Auswahl stehen 22, 38, 9 mm, 45, 38 super, Shotgun, Airgun 20.

Wir folgen nun der Ringstraße weiter Richtung Norden, bis wir an die Abzweigung in Richtung der Halbinsel Fan und der Statue des **Big Buddha** kommen. Wir halten uns rechts und fahren auf der Straße 4171 an schönen, kleinen Buchten entlang. Wer kleine Kinder dabei hat, geht am besten hier eine Runde schwimmen, da das Wasser überall sehr flach ist. Nach gut fünf Kilometern kommt man zur Halbinsel Koh Fan, deren zwölf Meter hoher Buddha weithin sichtbar ist. Wie ein selbstzufriedener Klotz lächelt er seit 50 Jahren sinnierend im gleißenden Sonnenlicht, das das monochrome Gold noch stärker strahlen lässt. Und um ihn nicht ohne alles dasitzen zu lassen, bekam er 2005 ein Schiff und ein Lebensrad in den Rücken montiert.

Ein schmaler Damm verbindet Koh Fan mit der Insel. Die wuchtige Statue, von den Touristen nur „Big Buddha" genannt, ist Blickfang des **Wat Phra Yai**, Lange Zeit durfte die „Naga-Treppe“ hinauf zum Erleuchteten nur barfuß betreten werden. Die während der Mittagshitze 73 glutheißen Stufen darf man inzwischen über die Mittagszeit mit Schuhen betreten. Der übliche Verhaltens- und Kleidungskodex in

Big Buddha am Wat Phra Yai Tempel

buddhistischen Tempeln besteht selbstredend weiterhin. Gibt´s unten ein Sammelsurium kunterbunter Läden und Stände, hat man oben auf der Plattform einen schönen, ja Buddha-würdigen Ausblick. In Richtung Norden sieht man bis Koh Pha Ngan, in Richtung Westen den Ang-Thong-Archipel. Wer sich für Meditation interessiert, kann hier mehrtägige Kurse in der Virpasana-Meditation besuchen. Erwartet wird dafür ein Spendenbeitrag von etwa 50 € (der Besuch des Wat Phra Yai ist gratis, doch eine kleine Spende hilft zum Erhalt des Tempels), Unterkunft und Verpflegung sind darin enthalten. Am besten erkundigt man sich bei den Mönchen, die im Bereich der Buddhastatuen anzutreffen sind. Auch ein Aushang am Kloster gibt Auskunft über die nächsten Kurse.

Ganz in der Nähe des Big Buddha, ebenfalls über die Straße 4171 zu erreichen, ist der **Wat Plai Laem** mehr buddhistischer Gebetsort – und so soll es sein – denn Touristenmagnet. So ist es hier entspannter, auch wenn die Hauptattraktionen von Plai Laem dem Big Buddha um nichts nachstehen: ein See, das Zeremonienhaus, ein herzhaft lachender Buddha, „Happy Buddha“, und prima inter pares die 18-armige Statue der Göttin Guanyn, in der chinesischen Mythologie die Verkörperung von Barmherzigkeit und Mitgefühl. Die Insulaner/innen bitten sie oft um reichlich und

Big Guan Yin am Wat Plai Laem

gesunden Nachwuchs. Im Bot, der Gebetshalle, illustrieren Wandmalereien den Werdegang Buddhas.

Der Weg führt nun wieder zur Ringstraße zurück, an deren Kreuzung sich die Büffelarena von Bophut befindet. An festen Terminen und Feiertagen finden hier die berühmten **Büffelkämpfe** statt, die besonders gerne von den wettfreudigen Thailändern besucht werden. Weiter geht es nach rechts ab in Richtung Mae Nam. Nach wenigen Kilometern befindet sich links im Dorf Bophut direkt an der Ringstraße die **Samui Go-Kart-Bahn** (Bophut Road, Tel. 427194, tägl. 9-21 Uhr), die einen anspruchsvoll designten Parcours besitzt. Wer noch nie auf diese Weise die Piste unsicher gemacht hat, wählt am besten einen kleineren Kart, der auch von Kindern gefahren werden kann. Alle Wagen sind aus Deutschland importiert und entsprechen in der Grundausstattung den Sicherheitsstandards. Zu bedenken ist allerdings, dass die Streckenaufsicht kaum gegen entfesselte Racing Rowdies out of limit vorgeht und Reifen wie Bremsscheiben auf dieser Anlage immer wieder heruntergefahren sein können. Zudem sind die Fahrtarife sehr happig. Die

Samui Go-Kart-Bahn

Rennpausen können für eine Partie Billard, Dart oder Tischtennis genutzt werden. Im angegliederten Restaurant gibt es europäische und thailändische Speisen sowie andere Leckereien.
Vorbei an Buchten und Stränden der Nordküste (Bang Rak und Mae Nam) setzt sich die Fahrt fort entlang der schönsten Strände der Insel. In der Nähe des Dorfes Ban Tai führt die Straße auf einen Bergrücken, von dem man im Westen den **Ang Thong Marine Nationalpark** im Meer schimmern sieht. Noch ein Stückchen bergab, eine Linkskurve von 90 Grad und man ist auf der Anfahrt zur Inselhauptstadt Nathon, diesmal von Norden kommend.

Ang Thong Marine Nationalpark

... und mitten drin

Einige Sehenswürdigkeiten haben wir auf unserer Strecke links oder rechts liegen gelassen. Nicht, weil sie keinen Besuch wert sind, sondern einfach aus Gründen der Bequemlichkeit, weil sie nicht an oder in der Nähe der Ringstraße um Koh Samui liegen. Doch alle sind mit Hilfe der Land- bzw. Straßenkarte einfach zu finden. Für Kinder dürften etliche **Monkey-Theatres** interessant sein, in denen man

Magic Buddha Garden

her- oder abgerichtete Affen zum Kokosnusspflücken auf die Palmen jagt oder für Touristen Kunststückchen machen lässt. Neben einigen Schmetterlingsgärten gibt es auf Koh Samui eine Krokodilfarm, die ebenfalls einen Besuch wert ist. Hier liegen verschiedene Arten von Krokodilen faul in der Sonne. Wenn Touristen auftauchen, werden die Tiere so lange von den Wärtern gestriezt, bis sie ihre großen Mäuler aufreißen und nach ihnen schnappen. Vor allem Kinder dürften ihren Heidenspaß an den gefährlich wirkenden Kampfszenen haben.

Der **Magic Buddha Garden**, auch als „Tarnim Magic Garden" ob seines Schöpfers bekannt, ist ein herrlich verwunschener Garten, in dem steinerne Märchen- und Fabelwesen, Tänzerinnen und Tiere in idyllischer Natur mit Felsen, viel Dschungel und einem plätschernden Bach eine friedliche Oase des Staunens bilden. Sie wurde 1976 durch den Künstler, Mönch und Bergbauern Tar Nim Thongsuk geschaffen und verströmt durch die sich wild rankenden Pflanzen und verwitternden Skulpturen eine mystisch-morbide Aura, verstärkt durch die sehr leger gehaltene Instandhaltung des Figurengartens. Der Magic Buddha Garden befindet sich in der Inselmitte auf Koh Samuis höchstem Berg, dem Khao Pom (635 m) und ist nur per Geländewagen mit Allradantrieb erreichbar. Natürlich gehört er zum Programm vieler Touranbieter, was die Anreise erleichtert, dem Aufenthalt aber seine persönliche Sinnlichkeit nimmt.

Eine Naturerfahrung mit „Thrill" ist hingegen der Weg zum **Tree Bridge Coffee** im nördlichen Landesinnern von Koh Samui (Soi 5, Mae Nam, Tel. +66 81 3261176), Abzweigung von der Ringstraße in Mae Nam landeinwärts und bald steil aufwärts. Vom Parkplatz führen mit Stahlseilen gesicherte Hängebrücken zur bewirteten Aussichtsplattform. Es soll bisher noch nichts passiert sein, dennoch wird´s einem Möchtegern-Tarzan leicht mulmig, wenn ein Zettel zu unterschreiben ist, dass Weg, Auf- und Abstieg sowie Aufenthalt auf eigene Gefahr erfolgen. Mit Kaffee, Smoothie oder Cocktail genießt man hoch in den Baumwipfeln das Dschungelfeeling mit der Option, mit einer kurzen, aber herausfordernden Kraxeltour einen Wasserfall zu „erobern" und mit einem Klettergurt gesichert an einer Zipline hängend von Baum zu Baum zu sausen.

STRANDLEBEN

Wie soll man diese Strände beschreiben, ohne in ausgeleierten Kitsch zu verfallen? Doch sie sind einfach phänomenal schön: mit feinem, weißem Sand, glasklarem, türkisblauem Wasser und Kokospalmen, die sich sanft im Wind hin- und herwiegen. Wenn man an einem der einsameren Strände der Insel liegt und dem Herzschlag des Meeres lauscht, ist es ohne Übertreibung fast so, als würde man in den Uterus zurückkehren. Das Gefühl entspringt einer Mischung aus Schläfrigkeit, getragen und geschaukelt zu werden, wohliger Wärme und Gedankenlosigkeit. An den touristisch erschlossenen Stränden kommt der Vorteil des Gefüttertwerdens hinzu. Sobald man den kleinsten Hunger empfindet, hebt man die Hand und winkt einer Händlerin, die an ihrem lampenschirmähnlichen Hut und einer geschulterten Stange mit Behältern voller eisgekühlter Früchte zu erkennen ist. Im Liegen kramt man in der Tasche nach ein paar Baht, lehnt sich wieder zurück und beißt genussvoll in eine Ananas, an deren Geschmack keine andere Ananas der Welt herankommt. Was für ein Leben!

Diejenigen, denen diese Beschreibung zu unsportlich ist, brauchen sich keine Sorgen zu machen: Man muss nicht nur stranden an den Stränden Koh Samuis, es geht auch anders. Wer nicht auf Action verzichten will, hat auf der Insel keinerlei Schwierigkeiten, seine über-

schüssige Kraft loszuwerden und sich auszutoben. An einigen Stränden finden sich Gruppen zusammen, die den ganzen Tag Volleyball spielen oder sich Wettrennen auf lärmenden, jedermann nervenden Jet-Skis liefern. Andere joggen mit dem Discman am Wasser entlang oder gleiten, an Fallschirmen befestigt, hoch übers Wasser.

Warnung vor Schönfärberei!

Ob aktiv oder passiv, am Strand sind Schattensuchen und cremen, cremen, cremen angesagt. Samuis Arztpraxen sind voller Leute mit schweren Verbrennungen am ganzen Körper und die Apotheken leben gut vom Verkauf der Brandsalben und Tabletten gegen Sonnenallergie. Das liegt daran, dass viele die starke Sonneneinstrahlung unterschätzen, die auch im Schatten eine extreme Brennwirkung hat. Und es ist leider immer noch so, dass der Grad der Bräune für viele ein Parameter für die Urlaubsqualität ist und manche einen Horror bei der Vorstellung haben, nach Hause zu kommen und sich anhören zu müssen: „Na, sooo braun bist Du ja gar nicht geworden!“ Doch in Thailand kann man gar nicht anders, als Farbe zu bekommen. Auch im Schatten einer Kokospalme oder Terrasse eines überdachten Restaurants: Die Sonne ist überall und hinterlässt ihre Spuren. Zu Urlaubsbeginn sollte es mindestens der Lichtschutzfaktor 30 sein, der wiederholt aufgetragen wird. Vor allem unterwegs auf

Silver Beach

dem Moped vergisst man dies im kühlen Fahrtwind leicht, und wenn man abends in den Spiegel guckt, hat man das Gefühl, an einer Ampel zu stehen und vergeblich auf Grün zu warten. Sonnenbaden nur mit Bedacht! sonst sind nicht nur die ersten Urlaubstage ruiniert, weil man den malträtierten Körper nicht mehr an den Strand bewegen kann. Und das ist schade, denn die tropischen Strände sind das Allerschönste an Koh Samui.

An Koh Samuis touristischeren Stränden kann es sein, dass man irgendwann nur noch genervt ist von den zig Händlern und Masseurinnen. Manche befühlen sogar die Hornhaut an den Füßen, um zu zeigen, wie nötig man eine Pediküre hat. Sich bloß nicht davon aus der Ruhe bringen lassen! Für viele ist´s der pure Existenzkampf, den Touristen so viel Geld wie möglich aus der Tasche zu ziehen. Wer kein Interesse an Henna-Painting oder glänzenden Kimonos hat, schüttelt einfach lächelnd den Kopf oder stellt sich – noch effektiver – schlafend.

PREISANGABEN

Zimmerpreise pro Nacht:

A: unter 150 THB
B: 150-300 THB
C: 300-600 THB
D: 600-1000 THB
E: 1000-1800 THB
F: 1800-4000 THB
G: 4000-7000 THB
H: über 7000 THB

Restaurants pro Person:

1: unter 80 THB
2: 80-150 THB
3: 150-500 THB
4: 500-750 THB
5: ab 750 THB
(für eine Mahlzeit mit Getränk)

Die Strände

Ban Tai (Ao Bang Baw)

Verblüffend, dass Ban Tai, der erste Strand, den man auf der Fahrt von der Inselhauptstadt Nathon an die Nordküste erreicht, ein geruhsames, vernachlässigtes Aschenputteldasein durchlebt. Es gibt blendend hellen Sand vor türkisblauem Meer und eine ganze Phalanx von meterhohen Kokospalmen. Das Wasser ist sehr seicht, nur langsam verliert sich der Boden unter den Füßen, folglich ein Badeplatz für Familien mit kleineren Kindern. Auf den zweiten Blick fallen dann die Kieselsteine auf, die an mehreren Stellen den Zugang ins Wasser erschweren, weiter draußen virulentes Seegras oder Tangwäldchen. Während die beiden Strandenden öffentlich sind, warnen in der Mitte Schilder mit der Aufschrift „Private Property!“, immer dann lästig, wenn man nicht in eben dieser Property loggiert, für die exklusiv die Benutzung von Strandliegen, -schirmen und Bewirtung vorbehalten sind. Trotz alledem gibt´s hier genügend Meer zum Schwimmen und Schnorcheln für alle und auch einige Restaurants mit Kanuverleih, selbstredend eine gute Handvoll an (Strand-)Hotels.

Unterkunft

Healing Oasis Resort

Dank dem integrierten Healing Child Resort mit New-Age-Therapien mit viel Kräutern, Dampf und Esoterik etwas ganz Besonderes (Ozon-, Lichttherapien etc.). Statt Botox ist hier Detox das Programm, also ganz was Gutes! Nichthotelgäste können von 15-21 Uhr diverse Anwendungen genießen.

26/4 Moo 6, Mae Nam, Ring Road,
Tel. 602096,
contactus@healthoasisresort.com,
www.healthoasisresort.com,
(Nebensaison B-C, Hauptsaison C-D)

Axolotl Village

Palmenwedelgedeckte, teilweise klimatisierte Bungalows. Das Personal spricht u.a. englisch und deutsch. Die sehr sauberen Zimmer sind geschmackvoll designed. Zur Verfügung stehen Meditations- und Massageräume (Massage: 300 THB/Std.). Sehr schön ist der Blick vom Restaurant aus, das vegetarische, italienische und thailändische Leckereien bietet.

12/1 Moo 5, Mae Nam,
Tel. 420017, axolotl@loxinfo.co.th, (D-E)

Zu empfehlen sind auch das gleich daneben liegende Blue River (Tel. 421357) und das Sunbeam (C).

Ban Tai Beach

Mae Nam Beach

Hat Mae Nam

Hat Mae Nam liegt etwa 14 Kilometer von Nathon entfernt und ist einer der Hauptstrände im Norden, besitzt auf knapp vier Kilometern goldgelben feinen Sand und üppigste Palmenhaine, in denen sich die bisher vorhandenen Hotelhäuschen verbergen. Am Horizont ist im Dunst die Insel Koh Pha Ngan auszumachen. Beliebt ist der Ort aufgrund seiner günstigen Preise vor allem bei Low-budget-Travellern und natürlich der Ort für einen erholsam chilligen Strandurlaub. Zum Schnorcheln eignet sich das teilweise eingetrübte Wasser nicht, hibbelig gewordene Unruhegeister besteigen Jet-Skis und Banana-Boats. Neben einem Postamt, Geldwechsel, Massagesalons und Healthcenter gibt es einen Buchladen, in dem man Bücher leihen oder tauschen kann, und am Strand sind Motorräder zu mieten. Donnerstags ist die Mae Nam Walking Street ein Nachtmarkt, wo man sich für wenig Geld mit ambulanter Thai-Küche verköstigen kann. „Lomprayah“-Fähren und kleine Holzboote bringen Badegäste bei stabiler Hochdruckwetterlage und ruhiger See zur Nachbarinsel Koh Pha Ngan (einfach am Pier oder Holzsteg nachfragen).

Unterkunft

Shangrilah Bungalows

Hier wird ein ordentliches Preis-Leistungs-Verhältnis geboten, auch wenn die Bungalow-Anlage nicht nur ein bisschen in die Jahre gekommen ist und im sanitären Bereich ein dringendes Update die Gäste erfreuen würde.

1/2 Moo 4, Tel. 425189,
pk_shangrilah@hotmail.com, (C-F)

In der gleichen Region (auch preislich C-D) liegen Anong Villa, Palm Point Village (tolles Essen und Motorradvermietung) und Shady Shack Bungalows. (extra-freundliche Leute!). Cleopatra's Place (Tel. 425486) hat sich aufgrund seines Restaurants mit tollen Fischvariationen einen Namen gemacht, auch wenn die Unterkünfte etwas zu wünschen übriglassen (A-B). Beliebt sind die Lolita Bungalows (C-D) und das Friendly (Tel. 425296), das genau so ist, wie es klingt. Die sehr sauberen Zimmer verfügen über eigene Badezimmer. (B-C)

Home Bay Resort

An der Stelle, wo der Strand von Ban Tai endet und Mae Nam beginnt, gibt´s ganz nette Bungalows in unterschiedlichen Ausstattungs- und Preiskategorien (C-E, A/C, HS). Früh zu buchen, ermöglicht den Bezug eines dann noch verfügbaren Bungalows direkt zum Strand hin.

44/30 Moo 4, Mae Nam Beach,
Tel. 952770

Gleich daneben liegt das Coco Palm Village (C-F), ein Stück weiter das Plant Inn (B-C). Ebenso in der Nähe ist das OK Village eine preisgünstige Alternative (B-D). Um den Wat Pa Phalaan ist Nacktbaden noch verpönter als anderswo.

Einen guten Ruf genießt auch die New La Paz Villa (Tel. 425296) mit Pool und Zimmern je nach Preis mit Ventilator oder Klimaanlage (C-F). Die allergünstigsten Quartiere bieten immer noch das Magic View und das Silent (A).

Mae Nam Beach

Santiburi Beach Resort Golf & Spa
Als Kontrastprogramm zu o.g. bietet dieser Resort den gehobenen Komfort und Service der Dusit-Kette mit jedem nur denkbaren Luxus im pittoresken Ambiente, dazu Designer-Spa (nicht eins zu eins auf Gäste übertragbar) mit separater Behandlungssuite. Zielpublikum sind betuchte Golfer und Business-Akteure, die für Spa, Healthcare und die Leckereien in einem der fünf Restaurants über das entsprechende Budget verfügen.

12/12 Moo 1, Mae Nam Beach,
Tel. 425031,
info@santiburisamui.com,
www. santiburisamui.com,
(H)

Paradise Beach Resort
Nicht ganz so teuer und mit leichten Gebrauchsspuren, aber ebenfalls exklusiv präsentiert sich diese Anlage mit großem Pool und Strandrestaurant, in der sich u.a. Familien der gehobenen Mittelklasse mit Kindern wohlfühlen.

18/8 Moo 1, Mae Nam Beach,
Tel. 247228,
info@samuiparadisebeach.com,
www.samuiparadisebeach.com,
(Zimmer F-G, Suiten G-H)

Außerdem empfehlenswert: Co-Co Palm (toller Garten, C), Naplarn (große, saubere Zimmer mit eigenem Bad, B-D), Koseng II (exzellentes Essen und freundliches Personal, sehr beliebt! Tel. 425252, A-C)

Essen

Als erstes probiert man die Küche der eigenen Bungalowanlage. Oft wird nur im kleinen Stil und für die Familie gekocht. Deshalb kann man in den Genuss thailändischer Originalgerichte kommen, die nach überlieferten Rezepten gezaubert werden. Auf dem Mae Nam Market, Soi 6 Ring Road, beim 7-Eleven-Geschäft kann man sich früh morgens von 5.30-9 Uhr hervorragend Appetit für den kommenden Tag holen, sei es mit herrlichen tropischen Früchten oder mit kànom (Reisnudeln mit Curry). Drei Restaurants sind besonders zu erwähnen. Frische Meeresfrüchte und hervorragend gegrillten Fisch in Kokossoße bietet Bang Po Seafood (Ring Road, Tel. 742010, 10-22 Uhr). Das Chez Tom bietet französische und thailändische Küche. Das Golden Dream am Ostende von Mae Nam ist berühmt für Pizza, Pasta und Thai-Food.

Bophut

Dieser knapp drei Kilometer lange Strand – etwas weniger schön und kein Postkartenidyll wie Ban Tai oder Hat Mae Nam – ist die Ruhe selbst, und man kann nur hoffen, dass dies auch so bleibt: relaxt und entspannt. Denn schließlich will nicht jeder so viel Remmidemmi, wie es in Lamai oder Chaweng geboten wird. Der Bophut-Strand, der keinerlei vibrierendes Nachtleben bietet, wird vor allem von Pauschal- und Langzeiturlaubern bevorzugt, die zwar Ruhe suchen, aber dennoch die Nähe zum quirligen Chaweng schätzen. Jung und Alt, Backpacker, Urlaubsaktivisten und „Dauer"-Gäste, also diejenigen, die Jahr für Jahr wiederkommen, sind im bunten Mix vertreten. Für einen nächtlichen Abstecher in die Clubszene gibt es ein Taxi, das morgens um 3 Uhr die Nachtschwärmer vom Chaweng Beach günstig zurück zum Bophut Beach bringt.

Bophut ist eine der ältesten Fischersiedlungen auf der Insel und der einzige Ort, wo man traditionelle Samui-Häuser Seite an Seite neben modernen Touristenunterkünften findet. Noch ist viel vom ursprünglichen Charme zu spüren, auch wenn im pittoresken, ungemein reizvollen Fisherman's Village viele der Schuppen, die früher zum Trocknen der Netze verwendet wurden, und alte chinesische Kolonialwarenläden zu kulinarischen und Souvenir-Verkaufshäuschen mutiert sind.

Der goldgelbe Sand von Bophut ist verbreitet grobkörnig, nicht ganz so fein und das Wasser nicht ganz so klar wie an vielen Stränden Koh Samuis. Der Uferbereich fällt hier etwas stärker ab, Ebbe „entzieht" dem Strand viel Wasser und der Sand ist keineswegs optimal zum Sandburgenbauen, es ist also kein Musterstrand für Familien mit kleineren Kindern. Neben Wassersportmöglichkeiten, Trubel wie Jet-Ski, Banana-Boat und Flyboat, bietet der Ort einen Buchladen, Restaurants und Geldwechselmöglichkeit.

Straße in Bophut Fisherman's Village

Unterkunft

Smile House Resort

Nicht nur aufgrund einiger speziell für Familien eingerichteten Bungalows (insgesamt 54) mit großen Verandas, den zwei netten Pools und dem Preis eine klassische Familien-Destination im Fisherman´s Village, wo man im tropisch-grünen Gelände und doch fußläufig mitten drin im Geschehen wohnt. Weiter hinten zum Palmenhain hin geringere Lärmbelästigung (Straße).

93/1 Moo 1,
Tel. 425361,
smilehousesamui@hotmail.com,
(C-F)

The Red House Hotel

Im Dorf, zwischen Straße und Strand, werden in dem skurrilen Bau aus rustikalen roten Balken drei im China-Look (inkl. roter Satinbettwäsche) eingerichtete Zimmer angeboten.

51-8 Moo 1,
Tel. 425686, (C-D)

Ziggy Stardust

Die Holzbungalows im Thaistil von unterschiedlicher Qualität, Größe und Bepreisung sind etwas für bescheidene Urlaubsgemüter. Der tropische Garten ist ganz nett, so auch die Bäder und das Personal, das versucht, die „bauliche Erosion“ zu kompensieren. Auf dass es nicht wie das Sandy Resort die Pforten schließt.

Tel. +66 84 7463192,
(C-E)

The Lodge Bophut

Das kleine Hotel, ästhetisch keine Offenbarung in einem früheren thai-chinesischen Warenhaus, verfügt über sehr schön eingerichtete Zimmer mit Klimaanlage. Alle haben Satellitenfernsehen, Minibar und, obwohl man im Dorf inmitten der Action (nächtlicher Lärmpegel!) ist, Meerblick. In der Bar gibt's leckere Snacks, der Service klappt tadellos.

91/1 Moo 1, Bophut Beach,
Tel. 425337,
reservation@lodgesamui.com,
www.lodgesamui.com

Peace Resort

Eine sehr schöne Anlage – Thai-Architektur trifft auf Moderne – mit attraktiven Bungalows (besonders die neu zum Strand hin designten). Nicht billig, doch wem eine gute Bleibe etwas wert ist, von der man fußläufig die besten Spots erreicht und bei „Heimkehr“ vom hervorragenden Service überrascht wird …

unbedingt in der Nebensaison um Preisnachlass bitten! Das Essen im Strandrestaurant lässt keine Wünsche offen und serviert internationale sowie thailändische Küche.

178 Moo 1, Bophut Beach,
Tel. 425357,
info@peaceresort.com,
www.peaceresort.com, (ab E)

Anantara Resort & Spa

Vom Dorf kommend, ist dies der erste Luxusliner im Westen. Gehobener Komfort schart sich um eine hübsche, sehr dekorative Park- und Gartenanlage im Thai-Stil. Bevorzugte Hochzeits- und Flitterdestination.

99/1 Bophut Beach,
Tel. 428300,
bophutsamui@anantara.com,
www.anantara.com, (G)

Celes Samui

Nicht lang ist´s her, dass das Samui Palm Beach und das alte „Celes" zum Celes Samui fusionierten, renovierten und erweiterten (u.a. Bungalows der Luxusklasse) und den größten Resort am Strand von Bophut generierten. Sehr schöne Bungalows (einige sind mit etwas zu viel des Guten im Thai-Dekor eingerichtet) mit Seeblick und nicht ganz so teuere ohne. Zwei Swimmingpools, eine schmucke Hotelanlage, ein exzellentes Thairestaurant vermögen das dürftige Frühstücksbuffet (in Anbetracht des Sterneanspruchs) nicht zu kompensieren. Fusionieren schafft Synergien, hier jedoch zudem ein Einsparungspotenzial durch „reduzierten" Service seitens des Personals.

175/3 Thaveerat-Pakdee Road,
Tel. +99 77 900999,
rsvn@celessamui.com,
www.celessamui.com, (G-H)

Essen

Fisherman's Village ist längst ein hippes Szeneviertel und eine formidable Ausgehmeile. Dessen Hauptstraße, gut einen Kilometer lang, ist von romantisierenden („Asia Look") Lokalen, Speiserestaurants und würzige Düfte verbreitenden Marktständen gespickt. Dazu ist Fisherman's Village freitagabends ab 17 Uhr, wenn die Straßen für den motorisierten Verkehr abgesperrt werden, die Bühne der Walking Street, mit zusätzlichen Marktständen und Live-Combos. Inselweit hat Bophut den Ruf, die größte Dichte an Restaurants der Extraklasse zu besitzen. Ein paar Empfehlungen:

La Sirene: Ein nettes, kleines Restaurant, das von einem Franzosen geführt wird und neben französischen Gerichten auch thailändisch anbietet. Der Fisch ist frisch und es gibt im Gegensatz zu den meisten anderen Restaurants leckeren Kaffee. 65/1 Moo 1, Tel. 425301 (3)

Happy Elephant: Herrlich auf der Terrasse und erfrischend drinnen mit Klimaanlage, aber beeindruckend durch seine große Bandbreite an hervorragend zubereiteter Thai-Küche. Immer empfehlenswert: der Fang des Tages. Manko: Bei Hochbetrieb driftet die Vornehmheit des Services in kurz angebundene Flapsigkeit ab und das Preisniveau liegt weit über dem ortsüblichen Level. 79/9 Moo 1, Tel. 427222

Red Moon: Am ruhigeren Ende des Fisherman´s Village eine unbestechlich gute Küche in einem Ambiente, das man mögen kann, aber nicht alle zu begeistern weiß. 12 Moo 1, Tel. +66 82 8081680

Smile House: Bietet leckere Fischmenüs und Barbecue am Strand. (2-3)

Ziggy Stardust: Exklusiver Blick auf den Big Buddha Beach. Thailändisch und Frischfisch. (2)

Bird in the Hand: Thailändisch und europäische Speisen vom Feinsten, toller Blick. (2-3)

Bar und Clubs

Paris London Bar: Eine schöne Bar, die zum Sunset-Cockail einlädt.

Rasta Baby: Der Name sagt viel. Hier ist meist richtig was geboten.

Aktivitäten

Das Bophut Guesthouse organisiert Fischfang-, Boots und Schnorchelexkursionen. Am Bophut Pier werden außerdem Wasserski und Surfausrüstungen angeboten, außerdem Fallschirmsegeln und Jet-Ski. Im Fisherman´s Village gibt es eine stattliche Zahl an Reisebüros und Tourveranstaltern, die sozusagen „Koh Samui komplett" im Programm haben.

Big Buddha Beach – Hat Bang Rak

Eigentlich heißt der Strand „Hat Bang Rak". Doch die zwölf Meter hohe Buddha-Figur, die hinter dem östlichen Ende des Strandes thront, machte ihn zum „Big Buddha Beach". Trotz illustrem Namen führt dieser Strand ein Schattendasein auf Koh Samui. Der Sand ist ordentlich, die Bucht weit geschwungen, der Wellengang gemäßigt. Doch bei Ebbe und in den Wintermonaten, wenn der Nordostmonsun heftig bläst, zieht sich das Meer zurück, verwandelt sich der freiliegende Grund in schlickübersätes Watt. Und der Strand ist nur sehr schmal, so dass er bei Flut oft komplett überspült ist. Zudem ist der Big Buddha Beach ein ständiger Unruheherd. Einerseits liegt er direkt in der Einflugschneise des Flughafens von Koh Samui, die Straße landeinwärts ist keinen Steinwurf entfernt und von mehreren Anlegern docken Boote nach und von Koh Pha Ngan oder Koh Tao ab und an. Besonders die Fähren am großen Pier sorgen für zyklischen, nicht badebezogenen Trubel. Leider ist nur in diesem Bereich der Einstieg ins Wasser einfach, westlich und östlich ist der Meeresboden mit zahllosen Steinen bedeckt, wie auch der Strand immer wieder von Plastikmüll und Seetang übersät ist. Im westlichen Strandbereich suchen Einheimische nach Schalentieren, fischen von einer nahegelegenen Sandbank oder spielen mit ihren Kindern im Wasser und gönnen sich eine ausgiebige Vesper- und Mittagspause unter Palmen.

Der schmale Strandstreifen bietet vor allem nachts eine beinahe familiäre Atmosphäre. Weil das Nachtleben nicht viel hergibt, helfen sich die Bewohner selbst, indem sie sich zur Unterhaltung vor den Bungalows oder in den hauseigenen Restaurants treffen. Es ist erstaunlich, was für tolle Gespräche entstehen können, wenn die

Animation fehlt. Klar, dass zur leutseligen Stimmung auch der Mekhong-Whiskey beiträgt, der auf der Insel großen Zuspruch erfährt.

Unterkunft

Como Resort

Laid-back-Atmosphäre mit sauberen, gut gepflegten Bungalows (A/C) bietet dieser freundliche Familienbetrieb.

58 Moo 4, Bang Rak Beach,
Tel. 425210, (C-D)

Nara Garden Beach Resort

Die bevorzugte Strandlage lässt über die dunkle Rattan-Einrichtung der Zimmer hinwegsehen, die nur eine untere Mittelklasseausstattung besitzen. A/C, kleiner Pool und Restaurant mit Meerblick. Unbedingt nach Rabatt fragen! Das Nara Garden, in der Nähe des Fährpiers, eignet sich für Weiterreisende/Ankommende nach/von Koh Pha Ngan.

81 Moo 4, Bang Rak Beach,
Tel. 425364, (C-D)

Bangrak Pier Bungalow

Eingebettet in die Natur und mit allem Nötigen ausgestattet, gibt´s hier (im zentralen Bereich des Big Buddha Beach) ein Rustikalambiente, guten Service und aufgrund der überschaubaren Größe der Hotelanlage eine „familiäre" Betreuung.

3/376 Moo 4, Bang Rak Beach, (C)

Secret Garden Bungalows

Ein netter, verspielter Ort mit schönen Sitzgelegenheiten zum Chillen vor den Bungalows, der Boutique-Anspruch vertritt und SHA+-Richtlinien tadellos erfüllt. Es gibt ein Strandcafé und ein Restaurant, das u.a. Sonntag nachmittags Live-Musik bietet. Eine gute Wahl!

22/1 Moo 4, Bang Rak Beach,
Tel. 332661,
www.secretgardensamui.com, (C-E)

Chalee Bungalows

Kleine, bunt bemalte Bungalows neben dem Ban Sabai Spa. Zum Frühstück kann's ´ne Extraportion Motorenlärm geben, weil das Restaurant direkt zur Straße hin liegt.

Tel. 245035,
(B-C, in dieser Ausstattung das preisgünstigste am Ort)

Beach House Samui Hotel

Zweigeteilte neuere Anlage mit einem dreistöckigen Hotel jenseits der Straße und einer Ansammlung von Unterkünften zum Strand hin. Nur letztere sind eine reelle Option.

16/1 Moo 4, Bang Rak Beach,
Tel. 245124, (C-D)

Shambala
Einer der „urigsten" Favoriten vor Ort und aufgrund des Preises ein Treffpunkt von Rucksacktouristen. Kommunikatives Restaurant. Mückenschutz bzw. Moskitoabwehr sollten im Gepäck sein.

23/2 Moo 4, Bang Rak Beach,
Tel. 425330, (B)

Chez Ban Ban
Die freundliche Low-budget-Alternative, wenn das Shambala ausgebucht ist. Etwas gehobener (und teurer) ausgestattete Bungalows und gutes Restaurant.

Tel. 245135, (C)

The Samui Mermaid Resort
Gutes Preis-Leistungs-Verhältnis mit sehr gepflegten, geräumigen Zimmern, mit Pool und Schatten, jedoch Beeinträchtigung durch Geräuschkulisse von der Straße und erst recht, wenn ein Donnervogel im Anmarsch ist.

34/1 Moo 4, Tambon Bophut,
Tel. 962630,
samuimermaid88@gmail.com,
www.samui-mermaid.info, (C-D)

Saboey Resort & Villas
Mit dieser neueren Anlage wird auch die gehobenere bzw. Luxuskategorie am Big Buddha Beach abgedeckt. Modernes Thai-Dekor in Architektur und Garten mit dem zu erwartenden Standard.

51/4 Moo 4, Bang Rak Beach,
Tel. 304508

Essen

Wer immer eine Kochgelegenheit hat, deckt sich mit fangfrischem Fisch auf dem turbulenten Plai Laem Fish Market (Road 4171, 5-9 Uhr) ein. Am besten isst man sonst im Dining on the Rocks (beim Sila Evason Hideaway, Laem Samrong, Tel. 245678, 18-22 Uhr, rustikal und einfach, doch hoch über dem Meer und mit modern gekochter panasiatischer Küche), im Crowded House (tolles Essen, Billard, Video und Bar) oder im Antica Locanda, dem „städtischen Italiener", ansonsten in den Strandrestaurants.

Aktivitäten

Asian Yacht Charter organisiert Segelfisch- und Schnorcheltörns. Sporttaucher wenden sich am besten ans Swiss Dive Resort.

STRANDLEBEN

Hat Choeng Mon

An der Nordostspitze der Insel gelegen, ist es unbestritten einer der schönsten Strände Koh Samuis und dennoch relativ unbekannt, vom Massentourismus noch nicht okkupiert. Es gibt das Dorf Choeng Mon und abseits die Bucht Choeng Mon, zu der man, sofern nicht Hotelresident, nur mit eigenem Gefährt kommt, was man beim Buchen der Unterkunft berücksichtigen sollte. An diesem herrlich feinsandigen Strand haben sich einige wenige Luxusresorts, die hübsch und kaum bezahlbar sind, und ein paar kleine, recht günstige Bungalowanlagen angesiedelt. So ist man hier längst nicht mehr allein mit Mutter Natur.

Noch ist man in der kleineren Bucht eher für sich, ist es „unaufgeräumt", während sich am Hauptstrand inzwischen die Liegen dicht an dicht drängen, sich „Massagesalons" verbreiten und Jet-Skis und Strandverkäufer dafür sorgen, dass man nicht ins unbeschwerte Träumen verfällt. Geeignet für einen Badeurlaub ist Choeng Mon allemal, gibt´s hier doch feinsten hellen Sand und mächtige Kokospalmen, ohne merkliche Meeresströmungen und nur langsam tiefer werdend, so dass man weit hinauswatet, bis einem das Wasser zum Halse steht. Familien mit Klein- und Kleinstkindern oder Senior(inn)en wissen´s zu schätzen. Am östlichen Ende kann man gar bei Ebbe zu den winzigen Inselchen Koh Fan Noi und Koh Fan Yai zu Fuß hinüberstacksen.

Das Nachtamüsement in Choeng Mon reduziert sich auf eine recht belebte (Strand-)Restaurantszene, ein paar Feuerschlucker und die romantische Szenerie von brennenden Öllampen, Fackeln und Kerzen auf Bambustischen im Zentrum des Strandes. Wem hier immer noch zu viele Badegäste zugegen sind, macht sich auf die Suche und den Weg zu den Nachbarstränden Plai Laem und Thongson.

Choeng Mon Beach

Unterkunft

O-Soleil

Eine der preisgünstigsten Optionen vor Ort. Die Zimmer sind sehr sauber, haben aber nicht alle Meerblick. Die Zimmer in den neueren Häuschen (klimatisiert) sind den alten (Ventilator) trotz höherem Preis unbedingt vorzuziehen. Gutes Restaurant. Empfehlenswert!

Tel. 425232,
o-soleilbungalow@yahoo.fr, (B-C)

The White House Hotel

Im Zentrum des Strandes stehen kleine weiße Häuschen im Thai-Stil inmitten eines wunderschönen, tropischen Gartens. Empfehlenswert nur dann, wenn der Preis kaum eine Rolle spielt, weil überteuert!

59/3 Moo 5, Choeng Mon Beach,
Tel. 332648,
www.samuithewhitehouse.com, (H)

P.S. Villas

Gut für Eltern mit Kind, da jedes Zimmer ein Doppelbett und ein Einzelbett besitzt. Preiswerter als die Beton-Klimaanlagen-Kombination sind die kleinen Holzhäuschen mit Ventilator. Das zweistöckige Hauptgebäude bietet nichts Reizvolles. Eine vielgelobte unprätentiöse Bleibe.

24/2 Moo 5, Choeng Mon Beach,
Tel. 425160, (D)

The Imperial Boat House

Ein großes ****Resort an den Hügel gebaut mit einem wunderbaren Blick über den Strand. Restaurant, Tennisplatz, Wassersport und Pool. Die 34 Teak-Holz-Reisbarken, die zu kleinen Bungalows umgestaltet wurden, sind eine reizvolle Idee, aber für einen längeren Komfort-Aufenthalt eher ungeeignet.

83 Moo 5, Choeng Mon Beach,
Tel. 425041,
www.imperialhotels.com, (H)

Meliá Koh Samui

Dann also doch lieber zum Flaggschiff vor Ort. Insbesondere betuchte Eltern mit verwöhnten Kindern vermögen hier einen zauberhaften Urlaub zu verbringen.

83 Moo 5, Choeng Mon Beach,
Tel. 938899,
reservation.kohsamui@melia.com,
www.melia.com

Samui Honey Cottages

Weder Low budget noch Luxus, sondern die perfekte Mittelklasselösung mit geräumigen Bungalows mit großen Fenstern zum Meer hinaus. Auf dem Berg wohnend, hat man einen besonders schönen Blick. Freundliches Personal, aufmerksamer Service und sehr private Atmosphäre.

24/34 Moo 5, Choeng Mon Beach,
Tel. +66 83 6464188,
info@samuihoney.com,
www.samuihoney.com,
(C-D)

Choeng Mon Bungalows

Aufgefrischte populäre Bungalow-Anlage, Standardunterkunft mit Klimaanlage und warmem Wasser. Bei den neueren Unterkünften vollzog auch der Preis ein kräftiges Upgrade. Doch für Langzeitmieter gibt es bei den Standardunterkünften preiswerte Optionen.

24/3 Moo 5, Choeng Mon Beach,
Tel. 425372, (C-E)

Sila Evason Hideaway & Spa

Im Norden von Choeng Mon haben sich in den beiden kleinen Buchten von Laem Samrong hauptsächlich teuere Spitzenresorts angesiedelt. Darunter ist Sila Evanson ein jüngerer und der exklusivste Luxusliner. Herrlich designte Anlage mit kleinen privaten (Schwimm-)Becken und Komfort im Thai-Stil.

9/10 Moo 5, Baan Plai Laem,
Tel. 245678,
reservations-samui@sixsenses.com,
www.sixsenses.com, (H)

Essen

Der Ort Choeng Mon bietet einige erstaunlich gute Restaurants und kleinere einfache Verzehrbuden. Jeden Mittwoch ist Walking Street, der klassische Straßenmarkt auf Koh Samui mit allerlei Garküchen.

Otto's Pub and Restaurant: Im Zentrum des Strandes und allseits bekannt. Wunderbare thailändische Küche mit einfachen Speisen wie Fried Noodles und Thai-Style-Pizzen. Unkompliziertes Wohlfühlambiente, wenn nur nicht die TV-Geräte permanent ... (2)

O-Soleil: Berühmt für Fried Rice mit Curry und für Vegetarier Gemüse-Curry; vernünftige Preise (1)

Bang Go: Zentrale Strandlage, freundlicher Service, tolles Frühstück. Auch am Abend empfehlenswert. (2)

Honey Seafood-Restaurant and Bar: Der Fisch ist legendär! Open-air-Genuss bei den Honey Cottages, zum Sonnenuntergang stark besucht. Teures Preislevel, vorm Bestellen unbedingt gegenchecken! (3)

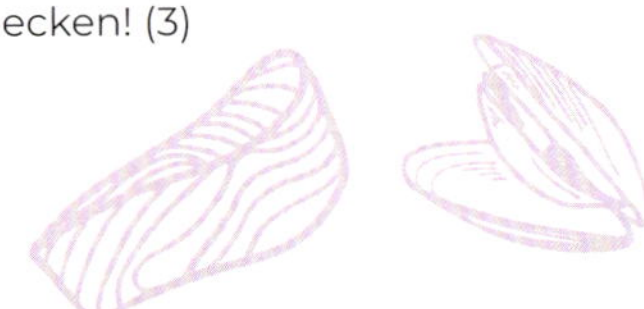

Chaweng

Der Chaweng Beach ist genau der richtige Badeort für Leute, die mit stiller Einkehr und friedlichem Dahindösen nichts am Hut haben. Wer hierher kommt, liebt Action und Abwechslung und es stört ihn in keinster Weise, dass der Lärm von Jet-Skis vom Meer an den Strand donnert oder die Nachbarn wild schreiend einem Fußball hinterherlaufen. Mehr noch, statt rumzumeckern, stürzt sich der Chaweng-Beach-Typ auf den heranrollenden Ball und mischt ordentlich selbst mit. Nach einer Stunde schweißtreibender Rennerei zweier Mannschaften ist das nationenübergreifende Abendprogramm so gut wie in der Tasche.

Der Chaweng Beach ist optimal für kontaktsuchende Singles und natürlich für Sportsfreunde. Denn neben Jet-Ski stehen Volleyball, Wasserskifahren und Fallschirmsegeln auf dem Programm. Wer Lust hat, packt sich ein paar Freunde ins hochmotorisierte Speed-Boot und rast mal eben nach Koh Tao (in 1 ½ Stunden machbar). Nicht, dass man am Chaweng Beach nicht schnorcheln könnte, aber die Korallen von Koh Tao sind unübertrefflich.

Mit seinen sieben Kilometern feinstem, weißem Strand ist der Chaweng Beach der längste von Koh Samui und aufgrund seiner elegant geschwungenen Bucht einer der schönsten, trotz der überbordenden Anzahl von Resorts und Hotels entlang des Strandes, die hier genug Platz haben, um keinen touristischen Moloch zu generieren. Teure Luxushotels liegen direkt neben einfachen Bungalows, so dass sich eine interessante Mischung von Leuten aus unterschiedlichsten Nationen und sozialen Schichten ergibt. Eine interessante Komposition! Besonders beliebt ist der Strand bei Familien mit Kindern, da viele der Bungalows Spielplätze haben und einem das Meer nicht sofort zum Halse reicht, sondern beim Einstieg ganz langsam immer tiefer wird.

Die touristische Lebensader von Chaweng ist die schmale, parallel zum Strand verlaufende Hauptstraße. Hier finden Touristen alles Überlebenswichtige: E-Mail-Cafés, Banken, Reisebüros, Restaurants, Moped- und Jeepverleih, Tätowierstudios und die Bild-Zeitung von vorgestern. Das Nachtleben in Chaweng verläuft nach dem Motto:

„Nachts sind alle Katzen bunt." Wer tagsüber mit dem Motorrad die staubige Straße durch das Örtchen gedüst ist, dürfte kräftig staunen, wie herausgeputzt sich Chaweng am Abend präsentiert. In den neonbeleuchteten Straßen tummeln sich Horden vergnügungshungriger Europäer mit mehr oder weniger Sonnenbrand im Gesicht und der schwierigen Frage auf den Lippen, ob man der Schwiegermutter die Rolex-Uhr oder die Gucci-Sonnenbrille mitbringen sollte. Es wird gehandelt bis aufs Messer, was auch so sein muss, denn die Beträge, die einem in den Taschenrechner-Displays entgegengehalten werden, sind der Kategorie unverbindliche Preisempfehlung à la „probieren kann man's ja mal" zuzuschreiben. Will der Händler 500 Baht, kann man ihm ohne schlechtes Gewissen mit entschlossenen 250 Baht begegnen. Er wird zwar den Kopf in Schräglage versetzen und verständnislos „You kill me" flüstern, aber schließlich mit existenzbedrohter, doch generöser Geste orakelnd auf 400 Baht runtergehen. So ist das Spiel, bis man sich irgendwo um die 350 Baht trifft.

Chaweng Beach

Le Paradis Boutique Resort & Spa

Definitiv eine der außergewöhnlichsten Unterkünfte Koh Samuis. Hier vereinigen sich pittoreske traditionelle Teak-Häuser, die von Ayutthaya „überführt" wurden, mit moderner Thai-Architektur zu einem harmonischen Gesamtbild mit komfortabler Ausstattung inmitten eines wunderbaren tropischen Gartens. Dazu ein aufmerksamer, freundlicher Service. Hervorragendes Restaurant mit Blick aufs Meer.

101/1 Moo 3,
Tel. 239041, (F)

Samui Natien Resort

Eine gute Wahl für eine risikoscheue Klientel, die zudem die fußläufige Nähe zur lokalen Action präferiert. In über drei Jahrzehnten etwas abgewohnt, gab´s nun das überfällige Facelifting. Um ein mehrstöckiges Hotelgebäude scharen sich Bungalows, die zur Strandseite zwischen Pool und Restaurant etwas eingeengt wirken. Der Standard im Hauptgebäude ist höher, entsprechend die Preise.

101/1 Moo 2,
Tel. 374508, +66 94 8019754,
reservation@samuinatien.com,
www.samuinatien.com, (D-E)

Impiana Resort Samui

Gediegene Bleibe mit reizvoller moderner Thai-Architektur und viel Tropenambiente. Das Personal bemüht sich jedoch nicht sonderlich, mehr Gäste für diesen an sich schönen Ort zu begeistern, dessen Nähe zur Straße für eine spürbare Geräuschkulisse sorgt.

91/2-3 Moo 3, Chaweng Noi Beach,
Tel. 448994,
info.ircn@impiana.com,
www.samuihotels.impiana.com.my

Chaweng Gardens

Einige der nett designten Bungalows dieses urigen Familienbetriebs liegen zu nahe beieinander. Auswahl zwischen einfacheren „Hütten" (preisgünstig) zur Straße hin und gehobenerem Standard zum Strand (teurer). Für Leute, die etwas Trubel möchten, zu empfehlen!

Tel. 960394,
sales@chawenggarden.com,
www.chawenggarden.com, (C-D)

The Island

Die sauberen, klimatisierten Zimmer mit Warmwasser-Bad haben in jüngerer Zeit eine wohltuende Auffrischung (ebenso die Aufmerksamkeit des Personals) bekommen.

Inmitten von üppigem Grün gelegen, dank des Preises eine beliebte Bleibe von Rucksacktouristen.

162/21 Moo 2,
Tel. 230751, (C-D)

Montien House

Zwei unterschiedliche Unterkunftskategorien in einem dichten Tropengarten inmitten der Partymeile Chawengs. Statt im Hauptgebäude wohnt man hier besser zum Strand hin in den hübschen Bungalows. In diesen bekommt man deutlich mehr fürs Geld (mehr ist auch die Menge, die der Zimmerservice hier an Desinfektionsspray versprüht) bis hin zum Privatpool.

5 Moo 2,
Tel. 300505, (E)

Lucky Mother

Holzhütten, die vom Ambiente aus der Zeit zu stammen scheinen, in der Koh Samui ein Aussteigerparadies war. Weiche, durchgelegene Matratzen, einfachstes Bad, dafür ordentlich zubereitetes Essen im Strandrestaurant und freundliches Personal. Nachts kann's hier schon mal laut werden, denn die Bässe der nahegelegenen ARKbar sind bis nach 3 Uhr zu spüren!

60 Moo 2,
Tel. 230931, (B)

Best Beach Bungalows

Sie sind definitiv nicht die besten, doch preisgünstig. Direkt am Strand und nah der Flaniermeile, ein total beliebtes Resort mit Zimmern verschiedener Kategorien. Die klimatisierten (teureren) Holzhütten sind den Aufpreis gegenüber der Ventilator-Variante nicht wert. Die Ausstattung inkl. Bad ist einfach bis rustikal. (B-C)

Matlang Bungalows

Nicht unbedingt die beste Strandlage (die bei Flut weiter schwindet). Es kann zwischen klimatisierten oder Ventilator-Bambusbungalows (die preisgünstigen hügelwärts sind immer schnell vergriffen) und dem bunten Reihenhaus ausgewählt werden. Unterschiedliche Bäder-Qualität, deswegen sollte man sich einige freie Unterkünfte anschauen. Sehr netter Garten und gutes Management.

154/1 Moo 2,
Tel. 230468,
matlang@loxinfo.co.th, (C-D)

Chaweng Blue Lagoon

Im Norden von Chaweng Beach, Zimmer mit wunderbarem Thai-Design, sehr beliebtes, internationales Restaurant. Die Bungalows auf der anderen Straßenseite liegen etwas abseits des Strandlebens. Empfehlenswert!

99 Moo 2,
Tel. 422037, (G)

Centara Samui Beach Resort

Großer Pool, Healthcenter, exzellentes Restaurant und top ausgestattete, allerdings sterile Unterkünfte à la Bauhaus im Palmengarten, sehr „elegant". Fünf Sterne versprechen Luxus pur! Ein Ort, den Hochzeitsplaner ins Visier genommen haben, womit ein zyklisches Remmidemmi inklusive ist.

38/2 Moo 3, Tel. 230500,
www.centarahotelsresorts.com, (G-H)

Chaweng Cabana Resort

Internationale Küche, Pool. Nette Bungalows und wenig Platz dazwischen. Für das Gebotene zu teuer.

17/3 Moo 3, Tel. 422377, (F)

Samui Resortel (Munchies)

Eine große Auswahl an Unterkünften von Ventilatorzimmern bis zur Luxussuite. Nichts Spektakuläres, aber solide und akkurat gepflegt, eher international als lokal geprägt, Beachside-Restaurant und Live-Musik.

17 Moo 3, Tel. 422374,
info@samuiresotel.com,
www.samuiresotel.com, (D-G)

Baan Samui Resort

In diesem Luxushotel mit tollem Pool und Restaurant werden seit der Covid-19-Pandemie die Hygieneprotokolle der thailändischen Tourismusbehörde penibel erfüllt. Für gehobene Ansprüche gibt´s kaum Anlass zur Kritik, allerdings sollte auch nichts Außergewöhnliches erwartet werden. Stolzes Preisniveau.

14/7 Moo 2, Tel. 950531,
baansamui@see2sea.com,
www.baansamuiresort-online.com, (G)

Chaweng Villa Beach Resort

Jeder der attraktiven Holzbungalows (die hinteren sind die schlechteren, mit Moskitonetzen, die eher dekorativ als nützlich sind und Fußbodenmatratzen) hat seinen eigenen Balkon. Das Personal ist sehr freundlich, abends wird im Strandrestaurant Barbecue geboten.

157 Moo 2,
Tel. 231123, (D-E)

Chaweng Buri Resort

Attraktive Bungalows im schönen tropischen Garten mit Dschungel-Feeling, was durchaus die Bekanntschaft mit hier nativen Kleinstlebewesen fördert. Doch eine naturverbundene Klientel findet hier eine gehobene Ausstattung, Restaurant und einen etwas zu kleinen Pool.

14/6 Moo 2,
Tel. 422465, (G)

Samui Lagoon Bay

Schöne Lage am Strand mit hübscher Vegetation und Pool. Ein Manko sind die Zimmereinrichtung und die durchgelegenen, viel zu weichen Betten. Eine Alternative, wenn man etwas Preisgünstiges sucht.

17/37 Moo 3,
Tel. 413740,
samuilagoonbay@hotmail.com (B-D)

Tradewinds Cottages

Ein herrlicher Ort für das relaxte Strandleben mit 29 hübsch designten Bungalows an einem schönen Strandabschnitt. Dazu ist's hier auch nachts besonders ruhig und friedvoll, also bestens für einen entspannten Laid-back-Aufenthalt. Landestypisch möblierte Terrassen und Balkone, Beach Bar und Pool schaffen viel Urlaubsambiente. Empfehlenswert!

17/14 Moo 3,
Tel. 414294, (F)

Essen

Chaweng bietet eine Vielzahl internationaler Restaurants und en masse Straßenstände mit Leckereien, die man im Vorbeigehen genießt. Diese sind fürs „Club-Jumping" eine tolle Sache, um sich zwischen Tanzen, Tanzen und nochmals Tanzen zu stärken und ein Fundament für die wunderbaren Cocktails zu bekommen. Ein stimmungsvoller Appetizer ist etwas außerhalb vom Zentrum der Laem Din & Night Market, (Soi 3 Chaweng Beach Road), der in der ersten Session u.a. herrlich frische Früchte, abends bis spät in die Nacht leckere wie günstige Garküchen offeriert – wie auch die Walking Street nahe dem Petch Buncha Samui Stadium jeden zweiten Tag ambulante Thai-Küche offeriert. Mittwochs ist der „Markt"-Platz vor dem Einkaufszentrum central festival ab Einbruch der Dunkelheit ein guter Ort für einen Snack für zwischendurch. Empfehlenswerte Restaurants:

Out of Africa: Das südafrikanische Steakhaus mit Spanferkel-Barbecue bietet eine wahrhaft deftige Alternative zur Thai-Küche. 38/73 Chaweng Beach Road, 12-23 Uhr

Bongoes Restaurant & Bier: Bietet Pseudo-Thai-Burger in allen Variationen. Nette Strandatmosphäre. Boulangerie: Französische Bäckerei, optimal fürs Frühstück.

Café Thai: Bietet eine gute Auswahl thailändischer und französischer Speisen zu akzeptablen Preisen. 164/9 Chaweng Beach (2)

Captain Kirk: Dachterrassen-Restaurant mit Meeresfrüchten, thailändischer und internationaler Küche sowie Blick auf Straße und See. Chaweng Beach Road, Tel. 81 2705376 (mobil), 11-22 Uhr

Crystal Restaurant: Eine große Auswahl an leckeren Thaispeisen (2)

Gringos Cantina & Mex-Tex Restaurant: Gutes mexikanisch-texanisches Restaurant plus vegetarische Speisen (hinter dem Green Mango und The Islander)

Oriental Gallery: Das Restaurant bietet eine außerordentlich schöne Atmosphäre. Man kann hier auch Bücher/edle Antiquitäten sehen. (2)

Wild Orchid: Gleich neben der Oriental Gallery. Spezialisiert auf eher ungewöhnliche, aber ausgesprochen leckere Thaiküche. (2)

Osteria: Italienisch, Chaweng Arkaden im ersten Stockwerk (2)

The Island: Am nördlichen Strandende, gehört zum Island-Hotel. Es gibt Thailändisch, Pasta, australische Steaks und Lamm. (2)

Munchies: Sehr beliebtes Fischrestaurant am Strand. (2)

Rainbow: Am nördlichen Strandende, gegenüber Chaweng Villa und Montien House. Wirklich exzellent! Bietet tolles Essen der thailändischen und internationalen Küche ohne die üblichen Touribeilagen wie Fernsehen etc. (2)

Juzzà Pizze: Jazz, Pizza und Pasta vom Feinsten.

Ali Baba: Sehr gutes, indisches Essen im Norden von Chaweng

The Islander: Günstige, sehr gute Fischspezialitäten

Chez Andy Restaurant: Ein sehr beliebtes Grillhaus, das nicht gerade billig, aber immer gut besucht ist. 164/2 Chaweng Beach Road, Tel. 891614 (3)

Eden: Absolut zu empfehlen für Freunde von Meerestieren aller Art. Man isst unter netten, strohgedeckten Pavillons. (3)

Mamma Roma: Ein italienisches Restaurant, von dem manche sagen, es hätte die besten Pizzen der Insel. (3)

Spice Island: Gehört zum Centara Samui Beach Resort. Am schönsten sind die Plätze mit Blick auf den Strand. Neben wunderbarem Barbecue werden tolle thailändische Speisen geboten. Tel. 230500 (3)

Nachtleben

In Chaweng geht's nachts heiß her. Am besten beginnt man den Abend sachte und energieschonend, indem man am Strand entlangbummelt und sich ein gemütliches Plätzchen für den Aperitif sucht. Das Abendessen genießt man entweder ebenfalls am Strand oder in einem der Restaurants an der Hauptstraße. Aber langsam, nur nicht zu hastig, der Abend ist lang! Den Digestiv vielleicht an einem Rondell, an denen sich junge Frauen an den Stangen räkeln. Und wenn´s nur fürs Ein- und Allemal ist, um den Erfahrungsschatz zu erweitern (als Mann und als Frau sowieso), sollte man sich die berühmten Thaimädchen schon aus der Nähe angesehen haben. Ist ein Mädchen wirklich außergewöhnlich schön und hinterlässt bei(m) Betrachter(in) heftige Irritationen, dann handelt es sich zumeist um einen sogenannten Ladyman (thail. „gathoeys"). Weil die Ladymen oft tatsächlich attraktiver sind als ihre Mitbewerberinnen, ist es schon vielen Männern passiert, dass sie eine(n) Begleiter(in) mit in den Bungalow genommen haben, die – bezogen auf die körperlichen Merkmale – nicht viel mit einer Frau gemeinsam hatte. Viele der Männer konnten froh sein, heil aus der Nummer herauszukommen, da die Gathoeys den Ruf haben, sehr rabiat zu werden, wenn sie nicht das bekommen, was sie wollen. Und einmal hier, keine Scheu, ein Gespräch mit den Mädchen zu beginnen oder einen Drink zu spendieren. Es kommen oft ganz interessante Plaudereien zustande, inklusive eines Staunens, wie freundlich und offen die jungen Mädchen sind und wie lustig es an den Rondellen zugehen kann. Wenn eine englisch spricht, wird sie ihrerseits aus ihrer Neugierde keinen Hehl machen und vor Fragen übersprudeln. Auch sollte man bloß nicht zu streng sein, wenn ein Cocktail nichts mit dem gemein hat, wie er zu Hause in der Lieblingsbar gemixt wird. Hier ist eben alles ein bisschen anders, darum ist man schließlich hier. Jetzt ist's aber Zeit, um die Disco- und Clubszene unsicher zu machen. Doch Vorsicht vor dem Mekhong-Whisky! sonst braucht man sich am nächsten Tag nicht allzu viel vornehmen – ansonsten: Viel Spaß!

Im **Green Mango Club**, Koh Samuis größter Disco, inzwischen ein Konglomerat aus Bars, Kneipen und Clubs, die sich im wummernden Lärmpegel gegenseitig überbieten, kommen neben House- und Popmusik-Freaks auch Billardspieler auf ihre Kosten. Eine Stunde kostet 300 THB, was nicht gerade wenig ist, dafür werden die Kugeln nach jedem Spiel wieder aufgestellt. Das Green Mango ist ein Disco-Bunker mit endlosen Gängen zur Toilette, Bigscreen über der Tanzfläche, Lasershow und High-Tech-Anlage. Wer auf die MTV-gepuschten Saisonhits abtanzen will, kommt hier voll auf seine Kosten. Soi Green Mango, Tel. 422661, 20-3 Uhr

Der Soi Green Mango verkörpert eindringlich die „Zeitenwende" Koh Samuis, das nicht mehr die Exotik atmende Sehnsucht zivilisationsmüder Aussteiger ist, sondern ein dicht an dicht gedrängter Amüsier-Cluster aus Kneipen, (Girlie-)Bars und nächtlichen Spelunken, aus denen fetzige wie hysterische Rhythmen die spendable und angestrengte Klientel locken und vertreiben. Döner, Curry und „Buckets", Alkohol aus Eimerchen ... Der Buhlschafts-Flirt mit ganz Profanem, Reminiszenzen an Babylon, Spring Break, Schützenfest und Ballermann.

Wer's ein bisschen außergewöhnlicher liebt, nimmt sich einen Pick-up zum **The Club**, der weniger aufgemotzt und viel gemütlicher ist. Die Musik ist weniger populär, dafür spannender. In der teilweise überdachten Freiluftanlage tanzt man bei gedämpftem Rotlicht zu unaufdringlichem Techno in all seinen Schattierungen. Zur tollen Atmosphäre tragen auch die Bedienungen bei, die extrem gut drauf sind und denen anzumerken ist, dass sie Spaß an ihrer Arbeit haben.

Unübersehbar oft wird für den pinkfarben getünchten **Reggae Pub** geworben, der in Südthailand der erste dieser Art und Größenordnung war. Die riesige Holzkonstruktion samt Galerie erinnert etwas an das Innere einer Kathedrale, obwohl – wie Wolfgang Ambros sagen würde – hier eher der „Heidenspaß" zu Hause ist. Der Reggae Pub war zweifelsohne ab Mitternacht der In-Treff der Insel, in dem allein reisende Frauen damit rechnen mussten, von betrunkenen Europäern – soweit selbst nicht gerade mit einer jungen Thaifrau beschäftigt – angepöbelt zu werden. Inzwischen hat der Reggae Pub die Aura eines Dinosauriers, dessen beste Zeit verflossen ist, wie auch seine Klientel von Jahr zu Jahr betagter wird. Ansonsten kann man hier nicht nur auf Reggae – manchmal mit den Local Heroes, die Thai-Rastafari „Job 2 Do" –, sondern auf alle möglichen Musikrichtungen gut abtanzen. Soi Reggae (nahe dem See), Tel. 422331, 21-2 Uhr

Chaweng Lake View: Statt der Fossilien im Reggae Pub sind hier die Youngsters unter den Junggebliebenen zugegen. Wann immer der Mond es erlaubt bzw. er als Anlass dafür herhalten muss, sind Blackmoon Partys oder zumindest Halfmoon Partys mit lokalen DJs angesagt – und um die eh schon stattliche Kapazität auszuweiten, gibt´s nun einen Ableger des „Sound Clubs" direkt am See hinter der Chaweng Beach Road.

ARKbar: Nichts für Freunde einer romantischen Sterne-Meer-&-Papierlaternen-Stimmung! Stattdessen vor einer modernisierten Tropenkulisse der Tummelplatz für Leute, die es schrill, laut und nass wollen: Am Pool, am Strand und in den Partylöwen selbst, doch die „Infusionen" sind kein Wasser, sondern mit Cola und Energizern gestreckte Alkoholschübe. Getanzt und gegrooved wird hier am Strand oder auf den Tischen. Je später der Abend, umso häufiger mischen sich ein Torkeln und Schwanken unters tanzende und groovende Partyvolk. Natürlich legen hier die angesagtesten DJs die Musik auf. Mottoabende, Poolpartys und die obligatorischen Feuer(schlucker)Shows sorgen für Entzücken und Ekstase.

Jim-Morrison-Freunde dürften sich im **Doors Pub** wohlfühlen, das dem legendären Musiker seinen Tribut zollt. Beliebt sind auch das „Sweet Sole“, in dem die ganze Nacht getanzt wird, und das „Santa Fe“. Das „Penny Lane Rock Café“ spielt Rockmusik von den 60ern bis zu den 90ern und bietet neben Satellitenfernsehen etliche Unterhaltungsmöglichkeiten wie Dart, Snooker und Backgammon. Gemütlich ist das Heart & Soul Jazz House, wo man auf Matten und Kissen sitzt (direkt neben dem Montien House am Strand).

Transvestiten-Cabarets gibt's einige in Chaweng. Im **Christy's Cabaret** beginnt die Show um 23 Uhr, auch im **Coffee Boy** gibt's Drag-Shows. Auf die Frage nach Homosexuellentreffs gab's keine zufriedenstellende Auskunft. Es wurde nur das „Paladium“ genannt, das aber nicht immer geöffnet scheint. Aktuelles erfährt man beim Three Gems Project (gegenüber dem Centara Grand Beach Samui Resort) und über Thai Boy. Gegenüber dem Central Samui Beach Resort stößt man auf den „Sweet Lady Club“, in dem aufgeschlossene Männer mit Kreditkarte sehr willkommen sind.

Samui Muay Thai Stadium

Es plärren die Lautsprecher von den im Schritttempo durch die Straßen Chawengs rollenden, mit Werbebannern bestückten Pick-ups, nerven unablässig, alle bekommen an allen Ecken und Enden bunte Flyer in die Hände gedrückt: „Muay Thai, also Kickboxen, ist der Nationalsport Thailands und auf Koh Samui ganz besonders.“ Und der unbekümmerte Tourist hat das Vergnügen, ja die Ehre, an diesem hier nicht nationalen, doch sensationellen Inselereignis teilzuhaben. Und das fast an jedem Abend. Es wird in einem Muay Thai Stadium zwar nur an zwei oder drei Tagen in der Woche fürs Publikum gekämpft, doch in Chaweng gibt es gleich drei dieser Arenen für moderne asiatische Gladiatoren, so dass es kaum einen Tag gibt, wo nicht die Fäuste fliegen, getreten und gestoßen wird. Eine ist das Phetch Buncha Samui Stadium, Samuis größtes Hau-drauf-Theater, wo vor dem Spektakel Mönche Boxring und Kämpfer segnen und Thailands Nationalhymne zum Schweigen der Zuschauer besonders erhaben klingt. Mittwoch und Samstag sind die Kampftage im Phetch Buncha, wo´s olympisch, mit Abstand und reserviert, zugeht, was eher etwas für puristische Experten ist. Das Chaweng Boxing Stadium ist da schon volksnäher, vereint Kenner und Laien, die weder Kämpfer noch Ranglisten kennen und verwundert und fremd das Geschehen im Scheinwerferlicht verfolgen. Dann lieber gleich ins Samui Muay Thai Stadium, das kleiner und intimer, fast ein familiärer Underground ist. Nicht die respektvolle „Wai-Khru"-Zeremonie stimmt auf das, was da folgen wird, ein, sondern DJs und Ringlautsprecher überbieten sich im hysterischen Getöse, in dem entfesselte Samuianer, die den halben Monatslohn an einem Abend verwetten, mit touristischen Proleten rivalisieren und sich verbrüdern. Hauptsache, ihr Einsatz gewinnt, ist´s bei den einen, hoffentlich gibt´s Action und Spektakel zuhauf, fliegen die Fetzen, bis Blut und Tränen fließen, hoffen die anderen. Ist´s nur Pech, wenn man einen Abend erwischt, an dem so gar nicht die Post abgeht? Wie viel echter Sport, wie viel „federleichtes" Wrestling oder eine abgesprochene, gar einstudierte Show in den Kämpfen steckt, vermögen Nicht-Initiierte nicht auszumachen.

Samui Muay Thai Stadium, 3/4 Moo 2, Bophut Chaweng, (beim Laem Din Market), WhatsApp: +66 92 8100445, www.samuithaiboxing.com. Jeden Dienstag und Freitag, Einlass ab 20 Uhr, die sechs Kämpfe am Abend beginnen um 21.30 Uhr. Für eine ausreichende Sicht reichen die (nicht) billigen Plätze (1500 THB) im Rang vollkommen aus, direkt am Ring sitzt man für 2000 THB in der ersten Reihe, ein VIP(-Platz für 2500 THB) hat statt hartem Stuhl ein weiches Sofa, sieht aber auch nicht mehr. Bewirtung, hauptsächlich Bier, gibt´s überall. Mit Rahmenprogramm dauert ein Muay-Thai-Event zwischen 2 ½ und 3 Stunden.

Einkaufen

In Chaweng mangelt's nicht an Gelegenheiten, Bares unter die Leute zu bringen. An der fünf Kilometer langen Chaweng Beach Road scharen sich Souvenir- und Einzelhandelsgeschäfte en masse und gipfeln im central festival. En passant gibt es außerhalb von Chaweng an der Ringstraße die Supermärkte Tesco Lotus und Big C.

central festival: Passt so gar nicht nach Koh Samui – oder inzwischen doch? Eine Shopping Mall, wie sie hübscher in der freien westlichen Welt nicht stehen könnte, präsentiert seit 2014 auf einer Verkaufsfläche von 9 Hektar über drei Stockwerke über 200 Geschäfte mit Markenlabels, Boutiquen, Fotoshops, Lifestyle, Schmuck und Art Design, Banken, Bars, Restaurants und Shopping-Spaß „komplett".

Vanities: Die Zielgruppe Globetrotter auf Reisen findet hier ein weites Spektrum an Mode zwischen Hippie und hip aus Bangkok, Indien, Hongkong und Strandbekleidung aus Bali.

Phuket Mermaids: hochwertige und trendige Strandbekleidung.

Doodee Décor: thailändische Accessoires und dekorative Einrichtungsobjekte von guter Qualität. Chaweng Beach Road, 11-23 Uhr

Transport

Vom Mietwagen, z.B. von Sixt oder Thai Rent a Car in Filialen oder direkt im Hotel angeboten, bis zu Moped Taxis (große Auswahl vor dem central festival) und Songthaews ist alles vertreten. Bei allen zwei- oder vierrädrigen Taxifahrten ist vorheriges Handeln Pflicht, zumal die Taxifahrer von Chaweng ausgesprochene Taximeter-Muffel sind. In Songthaews und anderen landestypischen Fortbewegungsmitteln sollte man den Fahrpreis passend zur Hand haben, sonst kann es sein, dass es statt Wechselgeld den aufgerundeten Fahrpreis gibt.

Von Chaweng nach Lamai

Kaum zu glauben, doch zwischen den zersiedelten Touristen-Agglomerationen Chaweng und Lamai verbleiben Momente, wo man in eine urige Landschaft eintauchen kann, deren Kulminationspunkt bzw. Panoramablick über eben diese am exponierten Aussichtspunkt Lad Koh erhebt. Natürlich sind hier ambulante Händler vertreten, was aber nicht sonderlich stört, um für einige Augenblicke innezuhalten. Die Strände an diesem Küstenabschnitt sind knapp bemessen, doch in der Coral Cove sind die Schnorchelgründe so formidabel wie kaum an einem anderen Ort auf Koh Samui.

Unterkunft

Coral Cove Resort

Weiße Häuschen, zwar aus Beton, doch optisch im Chalet-Stil, scharen sich um eine Bucht südlich von Chaweng Noi samt Restaurant, tropischem Ambiente und kleinem Pool zwischen Hügel und Strand. Durch die nahe Straße eine etwas beeinträchtigende Geräuschkulisse, dennoch zu empfehlen! Das Hotel punktet kräftig durch den Coral-Cove-Strand, weniger durch den Service, der mangels Engagement zu Abzügen führt.

177 Moo 4, Tambon Maret,
Tel. 448500, (C-E)

Blue Horizon Bungalows

In der recht netten Anlage gibt es zwölf Bungalows mit Klimaanlage oder Ventilator. Aufgrund der überschaubaren Größe familiäre Atmosphäre.

210/1 Moo 4, Tambon Maret,
Tel. 422426, (B-D)

Beverly Hills Resort & Restaurant

Liegt auf der Bergspitze und bietet den schönsten Ausblick aufs Meer. Deswegen liegen die Übernachtungspreise hier höher als bei den beiden o.g.

211-212 Moo 4, Tambon Maret,
Tel. 422232, (E-F)

Crystal Bay Yacht Club

Sehr schöne Mittelklasseoption für Familien mit Kindern, sofern man keine Bleibe auf dem neuesten Stand und ein zu fürsorgliches Personal erwartet. Dschungelgarten, kleiner Pool, große Bungalows, Restaurant, Kinderzimmer und Healthcenter (trotz des Namens gibt's hier keinen Yachtclub).

209/1 Moo 4, Maret,
Tel. 422225, (F)

Silver Beach Resorts
Durchgelegene Matratzen und vernachlässigte Bäder machen den sehr günstigen Preis nicht wett. Nur als Ausweichbleibe eine Option.

124/4 Moo 4, Tongtakien Bay, Maret,
Tel. 448542,
silverbeach@hotmail.com, (B-C)

Essen

Am Strand gibt's mehrere gute Meeresfrüchte- und Fischrestaurants. Unsere beiden bevorzugten Speiseadressen sind:

Beverly Hills Restaurant: Das Restaurant im Beverly Hills Resort ist herrlich für ein romantisches Abendessen zu zweit. Die Speisen sind so sensationell wie der Service des Hauses. Absolut zu empfehlen! (unbedingt reservieren!)

Jubilee: Wurde von uns zum persönlichen Lieblingsrestaurant erkoren. Hier gibt es Leckereien vom simplen Reisgericht bis zur phantasievollen Fischkreation. Die Besitzerin, eine ausgezeichnete Köchin, serviert den Hummer in mundfertigen Stückchen, so dass man sich das qualvolle Zerlegen sparen kann. Unbedingt probieren! Wer nach einem Rezept fragt, um ein Gericht zu Hause selbst mal auszuprobieren, bekommt gerne Auskunft. Eine Tischreservierung mit Blick auf die felsige Bucht ist empfehlenswert. Weil es hier sogar Übernachtungsmöglichkeiten gibt, fällt das Weggehen danach umso schwerer.

Lamai

Der Hat Lamai war der erste Urlauberstrand in der touristischen Karriere Koh Samuis. Hier ließen sich Anfang der 1970er Jahre die ersten Hippies und Aussteiger nieder, von denen der verbliebene Rest längst nach Koh Pha Ngan weitergezogen ist. Aller Nostalgie zum Trotz hat diesem Strand, was die Auswahl an Unterkünften betrifft, Chaweng den Rang abgelaufen, weil Bauherren großer Strandhotels dort mehr freie Grundstücke vorfanden. Während der Chaweng-Strand bis vor 30 Jahren kaum bewohnt war, gibt es am Hat Lamai schon seit Jahrzehnten ein Fischerdorf, dessen Infrastruktur sich natürlich komplett verändert hat. Inzwischen hat sich beinahe das ganze Dorf auf den Tourismus eingestellt, nur der dörfliche Charakter, sichtbar in der engen Bebauung am Strand, erinnert an alte Zeiten.

Als zweitgrößter Strand von Koh Samui bietet Lamai beinahe genauso gute Voraussetzungen zum Wassersport wie der Chaweng Beach, hat etwas körnigeren, dunkleren Sand und fällt steiler ab, womit er sich weniger zum Familienstrand eignet. Die Preise sind etwas günstiger als in Chaweng und der Verkehr einen Tick ruhiger. Was das Nachtleben anbelangt, ist Lamai auf gutem Wege, Chaweng zu überflügeln. Schon jetzt gibt es hier mehr Bierbars als anderswo und hinter dem Tresen stehen noch mehr junge Frauen, die mit den Touristen nicht nur Bier trinken wollen. Etliche Live-Musik-Bars und Diskotheken runden das Angebot ab, wobei beinahe jeder Kneipier stolzer Besitzer eines riesigen Fernsehers ist, der auf voller Lautstärke das ganze Lokal unterhalten soll. Man kann sich vorstellen, wie es in einer Straße zugeht, in der sich eine offene Bar an die andere reiht und Leonardo DiCaprio seine Abenteuer besteht, daneben eine thailändische Rockband „Highway to hell“ singt und ein Haus weiter eine Live-Übertragung eines Fußballspiels stattfindet. Man hat das Gefühl, sich auf einem riesigen Rummelplatz zu befinden. Es ist nicht verwunderlich, wenn Nachtschwärmer nach ein paar Nächten Lamai reif für die Insel sind und sich entweder auf Koh Samui ein schönes, ruhiges Plätzen suchen oder nach Koh Pha Ngan übersetzen. In Lamai gibt es alles, was zur touristischen Infrastruktur gehört: Reisebüros, Banken, Fotogeschäfte, Leihmopeds, Supermärkte, Wäschereien, E-Mail-Cafés, Telefonservice, Fitnessstudio, Restaurants, Imbiss- und Verkaufsstände, Apotheken etc. Und wer in der Bierlaune den Mund zu weit aufreißt, kann hier schneller, als er denkt, zum Bungee-Jumper werden.

Neben diesem tollkühnen Unterfangen kann man erste Erfahrungen im Kickboxen sammeln. Am südlichen Ende von Lamai gibt es das überdachte Trainingscenter des Muay Thai Stadiums im Freien, in dem rund um die Uhr trainiert wird und auch Farangs herzlich willkommen sind. Wer sich von dem coolen Mr. Fox (mehrfacher Weltmeister!) keine Schnupperstunde verpassen lassen will, hat seine Freude am Zugucken. Ein durchaus ästhetisches Vergnügen!

Lamai Beach

Unterkunft

White Sand Samui Resort

Die Reminiszenz an Lamais glorreiche Aussteigertage mit kleinen, sehr einfach ausgestatteten Holzhäuschen am Strand mit Gemeinschaftsbad ist einem Resort der gehobeneren Kategorie gewichen. Das jetzt nichts missen lassende Hotelleben mit akkuratem Service genießend, trauern Hotelgäste den alten Zeiten keineswegs nach, höchstens, dass die früher fulminanten Zimmerpreise nun auf höchstem Level liegen!

124/5 Moo 3,
Tel. 938999, (ab G)

Rocky Boutique Resort

2004 begann die neue Zeitrechnung des Rocky Resorts, denn in jenem Jahr wurde die schon lange bestehende Anlage zu einem beachtlichen Luxusliner vor Ort aufgerüstet, und das mit Sinn für Ästhetik im modernen Thai-Stil, Eleganz und das Außergewöhnliche. 47 schmucke Hotelzimmer und drei Bungalows mit eigenem Pool scharen sich nun um die Swimmingpool- und Parkanlage mit Wohlfühlgarantie. Auch am Restaurant gibt's weder kulinarisch noch visuell etwas zu bemängeln.

438/1 Moo 1, Tambon Maret,
Tel. 332888,
reservations@rockyresort.com,
www.rockyresort.com, (G-H)

The Spa Resorts

Auch als Spa Beach bekannt, Samuis Pionier in Sachen Spa, der vom Entgiften über Fasten, Dampfbad, Massage, Tai Chi bis zu Yoga gesundheitsbewusste Gäste verwöhnt. Das Personal ist die Freundlichkeit in Person, die Ausstattung der Unterkünfte jedoch rustikal, beengt und gerade mal basic. Es besteht ein Shuttle-Service zur jüngeren Zweigstelle Spa Samui Village hügelaufwärts (mit puristischerem Heilambiente). Nichtgäste erhalten von 10-18 Uhr Anwendungen, z.B. Massagen. Sehr empfehlenswert!

71/7 Moo 3,
Tel. 900888

Rose Garden

Am nördlichen Ende von Lamai. Wenn man sich um die Häuschen genauso gut kümmern würde wie um den Garten, wäre Rose Garden in der Low-budget-Kategorie die Top-Wahl. Man spürt hier deutlich den nagenden Zahn der Zeit und gibt sich Mühe, sich auf dem Linoleumboden, durchgelegenen Matratzen und im finsteren Bad wohlzufühlen. Der Preis reißt´s raus, doch nur für Hartgesottene ...

146/2 Moo 4,
Tel. 424115, (B-D)

Lamai Coconut Beach Resort

Einfach ausgestattete, ganz nett dekorierte Bungalows, die alles Notwendige inkl. Klimaanlage und sauberem Bad mit warmem Wasser bieten. Weil der Strand hier kaum Schatten bietet, sind die Bungalows an der Strandseite (mit Bäumen) trotz Aufpreis vorzuziehen. Die abseitigen Bungalows (Ventilator, C) sind den günstigeren Preis nicht wert. Hilfsbereites Management und gutes Restaurant.

124/4 Moo 3,
Tel. 332589,
info@lamaicoconutbeachresort.com,
www.lamaicoconutbeachresort.com,
(D, an der Strandflanke E)

Pavilion Samui Villas & Resort

Die Bungalows sind mit allem ausgestattet, was ein Resort der Spitzenklasse verspricht, auch die Poollandschaft und der Strandbereich bieten Herrliches, doch der Hotelservice, Sinn für Ästhetik und die Speisequalität trotz nettem Ambiente im Restaurant „The Patio“ lassen für ein Haus dieser Kategorie sehr zu wünschen übrig.

124/24 Moo 3,
Tel. +66 92 4154947,
info@pavilionsamui.com,
www.pavilionsamui.com, (G-H)

Sea Breeze Bungalows

Eine der ältesten Bungalow-Anlagen auf der Insel mit hübschem Garten und genügend Schatten. Der freundliche Familienbetrieb bietet ältere, doch Charme versprühende Häuschen, modernere klimatisierte Chalets (mit Strandnähe steigt auch der Preis) und in einem neueren zweistöckigen Gebäude Hotelzimmer an. Hilfsbereites Personal.

124/3 Moo 3,
Tel. 424258,
(C-E)

Marina Villa

Kein Charme-Brecher sind die Häuschen, die zu dicht gedrängt konzipiert wurden, was eine entspannte Atmosphäre beeinträchtigt. Pool, Sauberkeit, TV, Warmwasser-Duschen und ausreichend Schatten sind geboten. Das Personal ist nett, die Hotelanlage abgewohnt und kleine Malheurs ziehen sich durch die Villa. Dennoch gut besucht und bei Gästen, denen die Unterkunft während der Reise nicht das Wichtigste ist, der Renner.

124 Moo 3,
Tel. 424426,
marinavilla124@hotmail.com,
(C-E)

Aloha Resort

Eine nicht sehr einfallsreich konzipierte Mittelklasseanlage, ohne thailändischen Esprit, dafür in den letzten Jahren mit baulich dekorativer Auffrischung mit klimatisierten Zimmern, TV und warmem Wasser. Inmitten der weiten Gartenanlage ein hübscher Swimmingpool, im Restaurant delikate Fischkreationen. Klassische Familiendestination.

128 Lamai Beach,
Tel. 424014,
contact@alohasamui.com,
www.alohasamui.com, (F)

Jasmine Resort

Eine der jüngeren Errungenschaften unter Lamais Hotels präsentiert sich mit sehr gut ausgestatteten, nett eingerichteten Bungalows, die mit Wohlfühlbädern glänzen. Wer mit dem nötigen Finanzbudget ausgestattet ist, sollte einen Bungalow (deluxe seaview room) mit herrlichem Blick über den Strand wählen. Swimmingpool zwischen Restaurant und Strand, dank akkuratem Hotelservice extra empfehlenswert.

131/8 Moo 3, Baan Tung,
Tel. 232446,
reservation@samuijasmineresort.com,
(E-F)

Beer's House Beach Bungalows

Zwar nur mit Kaltwasserduschen, doch mit Strand, Schatten, festen Matratzen, Sauberkeit und freundlichem Personal ist Beer's House eine gute Option bei begrenztem Reisebudget.

163/4 Moo 4, Maret,
Tel. 231088, (B-C)

Lamai Wanta
Im Zentrum von Hat Lamai wird im The Hive Hotel direkt am goldenen Sandstrand samt einem 60 m² großen Infinitypool ein ausgezeichnetes Preis-Leistungs-Verhältnis geboten. Eher spärlich eingerichtet, sind die Bungalows tiptop gepflegt und mit allem Erforderlichem ausgestattet, nur die weiter hinten liegenden leiden durch die Geräuschkulisse der umliegenden Bars. Einen herrlichen Swimmingpool und ein ausgezeichnetes (Strand-) Restaurant gibt´s obendrein.

124/264 Moo 3,
Tel. 424550,
reservation@lamai-wanta.com,
www.lamaiwanta.com, (E-G)

Essen

Von Lamais Hauptstraße zweigt eine kleine Straße zur **Lamai Night Plaza** oder Lamai Night Food Centre ab (Lamai Beach Road, nicht zu verfehlen, dort neben dem 7-Eleven-Geschäft). In diesen meist von Einheimischen besuchten Lokalen werden von 18-2 Uhr die gleichen thailändischen Speisen angeboten wie in den Restaurants, nur sind sie hier viel billiger. Der Food Centre bietet mit seinen Plastikstühlen eine ganz eigene Open-air-Atmosphäre, die man einmal erlebt haben muss. Wenn man aufs Geld achten muss, ist dies eine tolle Variante, gut und günstig zu speisen und dazu Kontakt zu den Samuianern aufzunehmen. Ein kulinarischer Höhepunkt mit Anschluss zu den Locals (auch wenn Döner, Pizza und Currywurst inzwischen die einfache Thai-Küche durchmischen) ist sonntags die **Walking Street** oder der **Sunday Night Market**, der sich vom Strand – zwischen Brücke und dem Food Centre – aus durch viele Dorfstraßen erstreckt. Warmup ist gegen 17 Uhr, das ganze Geschehen dauert bis gegen Mitternacht.

Will Wait Bakery: Wurde zum persönlichen Lieblingsfrühstücksort gewählt. Neben frisch gebackenen Kuchen und Croissants gibt's die Thai-Version von American breakfast mit Sandwiches und Rührei. Ein guter Ort, um andere Traveller zu treffen und Erfahrungen auszutauschen.

Coast Restaurant: Im Lamai Wanta Resort wird ausgezeichnete internationale und Thai-Küche serviert.

The Cliff Bar & Grill: Herrlich, die Aussicht über Klippen und Meer!

Dazu verführt eine mediterrane Küche mit viel Exotik zur Leichtigkeit des Seins ... Ring Road (Lamai e/ Chaweng), 124/2 Tambon Maret, Tel. 448508, Di.-So. 12-1 Uhr, Bar bis 2 Uhr (5)

Sala Thai: Berühmt für fantastisches Thaiessen, frischen Fisch, Steaks und italienische Speisen. Nicht gerade günstig, aber zu empfehlen! Tel. 233180 (3)

Sabeinglae: Rustikales Ambiente und delikate Meeresfrüchte sowie Spezialitäten Koh Samuis (sie sind nur auf thailändisch in der Karte, doch die Kellner helfen weiter), u.a. wai kóo·a (Kokosnussmilch-Curry mit Tintenfisch). 438/82 Moo 1, Ring Road (südlich des Hin Ta Hin Yai), 11-14.30, 18-24 Uhr (4)

Il Tempio: Sehr gutes italienisches Restaurant. Es kann vorkommen, dass in der ganzen Straße aufgrund des Regens die Lichter ausgehen und man im hell erleuchteten Il Tempio wie auf einer Bühne sitzt. Toller Meeresfrüchtesalat! 146/61 Moo 4, Tambon Maret, Ring Road

Papas: Ein sehr beliebtes Restaurant, das tolle Steaks, Pasta und Thailändisches bietet. (3)

The Spa: Hier kommen Vegetarier voll auf ihre Kosten, die nicht gerade gering ausfallen. (3)

Chao Samui Restaurant: serviert tolle Thaigerichte zu vernünftigen Preisen. (2)

Pizza Garden: Am nördlichen Ende von Lamai etwas abseits vom Geschehen. Leckere Pizzen und Salate

Nachtleben

Zum Tanzen erfreut sich der riesige **Bauhaus Club** (Lamai Beach Road, Tel. 418387, 14-2 Uhr) bei Touristen großer Beliebtheit. Manchmal gibt's hier kurze Dragshows oder Thai-Boxing-Demos. Gegenüber bietet das **Lucky Pub** die typischen Pub-Spiele, deutsches Bier und kleine Snacks. In der Hauptstraße ist die Rockbeiz **Shamrock Irish Pub** kaum zu übersehen und schon gar nicht zu überhören. Thailändische Live-Bands versuchen hier tägl. ab 21.30 Uhr möglichst wild und headbangend, Songs von AC/DC etc. nachzuspielen. Man sollte sich diese Bar unbedingt einmal geben und nicht zu streng sein, wenn die sehr bemühten Jungs kaum an die Rocklegenden herankommen. Wie auch? Trotzdem:

Nach ein paar Bier hört sich „Hells Bells“ wirklich nicht so schlecht an, zumindest ist´s eine nostalgische Zeitreise zurück in die eigenen wilden Zeiten.

Ebenfalls in der Hauptstraße folgt der **Fusion Club** den neuesten musikalischen Moden, verstehen sich engagierte DJs auf Acid Jazz, Funky House und Hip Hop. Da es neben der Tanzfläche auch bequeme Sitzbereiche gibt, ist es ein Ort, an dem man sich bis in die frühen Morgenstunden trifft, denn die Lichter gehen hier erst sehr spät bzw. früh aus. Für ein gemütliches Bierchen eignen sich die **Lava Lounge**, schräg gegenüber vom Lamai Wanta Resort, das **Variety-Plaza** oder die **Silly Season Bar**.

... und sonst:

Massagen gibt's am Strand oder in den Salons der Hauptstraße. Der Strand ist zu bevorzugen, es sei denn, man hat was zu verbergen ... also dann erst mal Strandjogging, Pfunde abschwitzen, überschüssiges Adrenalin lässt man in der Büffelkampfarena (die Hotelrezeption weiß um den nächsten Kampf).

Lamai Muay Thai Camp: Samstag abends kann auf der Plaza der Lamai Beach Road Muay-Thai-Kämpfern in Aktion zugeschaut werden. Wer sich höchstpersönlich auf einen Kampf im Muay Thai, also Thaiboxen, vorbereitet (gibt´s denn das?) oder nur die eigene Fähigkeit zur Selbstverteidigung verbessern will, hat im Lamai Muay Thai Camp, einem der besten Trainingscenter auf Koh Samui, alle Optionen dazu. Hervorragende Trainer kümmern sich um Kämpfer und Kämpferinnen jeglichen Levels, selbst Novizen können hier in kurzer Zeit erstaunliche Erfolge erlangen. Vom Schnupperkurs bis zu Komplettpaketen inklusive Verpflegung und Unterkunft reicht die Auswahl.

82/4 Moo 3, Lamai,
Tel. +66 87 0826970,
train@lamaimuaythai.com,
www.lamaimuaythai.com

Tamarind Springs Forest Spa: Statt „Hau drauf!“ gibt´s hier ein gemächliches „Leg di nieder!“ Wer sich was richtig Gutes tun will, verbringt einen Tag (diverse 2- bis 5-stündige Pakete können gebucht werden) im Tamarind Springs im Norden von Lamai. Auf edelsten Liegen und Stühlen wird man in einer wunderbar entspannten Atmosphäre mit Massagen, Dampfbädern und Kosmetik verwöhnt. Man kommt aus dem Verjüngungstempel zwar um einige Baht leichter, dafür aber auch viel schöner, wieder hinaus. Eine Empfehlung!

265/1 Thong Takian, Moo 4,
Tambon Maret,
Tel. +66 85 9264626,
www.tamarindsprings.com

Sporttauchen & Wassersport

Im Aloha Resort befinden sich die Matlang Divers, im Weekender Resort das Swiss Dive Center und im Rocky Resort die Pro Divers. In der Nähe des Lamai Resorts (am Nordende von Lamai) sind die Easy Divers (Tel. 231190) zu Hause, wo man auch deutsch spricht. Am südlichen Strandende werden Wasserski, Jet-Ski, Windsurfing, Parasailing und Schnorcheln angeboten.

Medizinische Versorgung:

Lamai Medical Clinic,
124/243 Moo 3, Tambon Maret,
Tel. 232412

Doktor Pongsak, der fließend englisch spricht, ist der „internationale" Ansprechpartner.

Geldwechselstuben befinden sich entlang der Hauptstraße wie auch E-Mail-Cafés und Reisebüros.

DIE SÜDKÜSTE

Die schmalen Strände zwischen Ban Hua Thanon und Thong Krut sind touristisch kaum erschlossen, wunderbar friedlich und ruhig. Es gibt nur eine Handvoll Hotels und Bungalows, wobei die sehr preisgünstigen Basic-Unterkünfte für Gäste mit Abenteuerdrang in den letzten Jahren „Vom Winde verweht" wurden.

Ban Hua Thanon

ist ein nettes, kleines Fischerdorf, drei Kilometer südlich von Lamai, mit kleinen Einkaufsläden aus Holzbrettern und Zentrum der historischen muslimischen Gemeinde Samuis mit der einzigen Moschee der Insel. Kopftücher und der Pâh sîn (Sarong für Männer) sind in den Straßen omnipräsent, besonders bunt ist die Szenerie, wenn freitags der Muezzin die Gläubigen in die Dorfmoschee ruft. Dann zieht nicht der Duft von Thai-Küche, sondern Halāl-Gerichten durch die Gassen. Obwohl Ban Hua Thanon direkt an der Ringstraße liegt, wird das Dörfchen kaum von Touristen heimgesucht. Deswegen werden die alten Wellblechhütten und Holzhäuser nicht aus kommerzieller Motivation hergerichtet und es liegt mehr Müll am Strand als anderswo. Das scheint die Fischer, die am Ufer ihre Netze und Reusen flicken, Boote reparieren und Fische zum Trocknen in die Sonne legen, kaum zu stören. Wieso auch, sind hier doch einige der noch verbliebenen Halbnomaden des Chao Leh, der „Leute zur See", despektierlich, aber auch selbstbewusst als „Seezigeuner" bezeichnet, zugegen, die den Zyklen des Monsuns folgen und zwischen Andamanensee und dem Golf siedeln.
Einige kleine Restaurants servieren Fisch vom Tagesfang für sporadische Gäste. Das farbenprächtige Kleinod der Gemeinde sind die Go Lae, in kräftigen Farben kunstvoll bemalte und mit Schnitzereien verzierte Boote muslimischer Fischer, die am Steg oder vor dem Strand ankern. Die Tradition der Go Lae geht auf Anfang des 20. Jh.s zurück, als die ersten muslimischen Einwanderer sich hier niederließen. Der bunte Zierrat soll(te) die Fischer vor Wasser- und anderen bösen Geistern schützen.

Baan Saitara Villas

Das Luxus verströmende Domizil oberhalb von Ban Hua Thanon aus zehn Villen mit Platz für jeweils

6-10 Gäste. Nicht direkt am Strand, doch vom Hügel bietet sich ein stattliches Panorama über die Küste. Für die standesbewusste Kleingruppe, die außerhalb vom Trubel Chawengs und Lamais eine Residenz sucht, von der man in kürzester Zeit im Brennpunkt der Action ist.

404/44, Moe 1,
Maret Sub-district,
Tel. +66 86 5829180,
info@baansaitara.com,
www.baansaitara.com

Samui Marina Cottage

In der Nebensaison hat man hier den großen Pool fast für sich allein. Ansonsten bieten die klimatisierten Hüttchen Ordentliches, aber nichts Besonderes. Ein Ort zum In-sich-Kehren.

442 Moo 1, Hua Thanon,
Tel. 233394, (B-C)

Laem Set

Laem Set, das ist Koh Samui der ganz anderen Art. Schwer zugänglich, immerhin mit Auto oder Rad kommt man hin, dünn besiedelt bis verlassen und viel herren- oder namenloses Land ist mit Baumaterial, Hausmüll und anderem Schutt gesegnet. Außerhalb der Hotels gibt es keine touristische Infrastruktur und der Strand ist gewellt, vielerorts schlammig, wo er nicht mit Steinen übersät ist. Immerhin, der Küstenabschnitt zieht sich über 1 ½ km hin und in den Hotels gibt es alles, was man zum Überleben braucht. Es gibt keine Neider, die einem das Urlaubsdasein madig machen. Und man muss nicht mit anderen Barbesuchern darüber wetteifern und prahlend zum Besten geben, was man den letzten Tag und die letzte Nacht so alles erlebt hat.

Centara Villages Samui

Gegenüber dem Butterfly Garden gehobene Mittelklasseunterkunft mit ausgedehnter Poollandschaft und sehr gut ausgestatteten, klimatisierten Bungalows inmitten eines üppigen Parks. Der Strand

Am Strand von Hua Thanon

ist zwar ruhig, lädt aber kaum zum Baden ein.

111 Moo 2, Maret, Natien Beach,
Tel. +66 77 424020,
csv@chr.co.th,
www.centarahotelsresorts.com, (F-G)

Shiva Samui Resort

Hier lebt man in einer nach außen hin abgeschotteten Ferienwelt unter seinesgleichen, zu der auch ein abgegrenzter Strandbereich gehört. „Die Umgebung ist friedlich", so heißt es, und drinnen kümmert sich das Team rührend um unser aller Wohlbefinden. Ideales Resort für Familien mit Kindern. Jeeps gibt's zu mieten. Sehr zu empfehlen!

443/3, Moo 1,
Kontakt über die „The-Villa"-Kette:
www.thevillaguide.com, (G-H)

Bang Kao ist ein ruhiger, doch wenig attraktiver Strand. Sehr günstig kann im „Waikiki" übernachtet werden oder im „River Garden".

Thong Krut

Im äußersten Südwesten Koh Samuis ist Thong Krut ein kleines Dorf jenseits von gut und böse, das noch in der Hand der Fischer und nicht der Touristikagenten liegt. Also gibt´s hier köstlich frischen Fisch in einem halben Dutzend uriger Strandlokale – und ein bisschen Strand und viel mehr Natur. Zum Mieten bzw. Teilnahme an organisierten Ausflügen stehen Kor Laes, Langboote, parat, die zu den „Five Islands", den fünf vorgelagerten unbewohnten Inseln, schippern. Besonders die nahen Inseln Koh Matsom und Koh Taen sind das Ziel von Tages- inkl. Schnorcheltouren. Zwei Unterkünfte sind in ganz entgegengesetzte Kategorien einzuordnen:

Simple Life Villa

„Perfect life at perfect place" ist das Motto von Vichiean Tubjitra, der die Bungalowsiedlung seit vielen Jahren führt. Dieser Mann ist die pure Freude für all diejenigen, die auf der Suche nach der reinen thailändischen Seele sind. Denn Vichiean, der sehr gut Englisch spricht, ist das thailändische Lächeln in Person. Er liebt die Ruhe, die sein kleines Paradies ausstrahlt, an dessen Strand die Fischerboote liegen und die Holzhütten so natürlich in den Palmenhain eingepasst sind, als gehörten sie schon immer dazu. Vichiean freut sich, wenn Leute kommen, die gern selbst fischen. Meistens wollen die stolzen Fischer ihre

Beute gleich von ihm gekocht kriegen, was ihm großen Spaß macht. „Die Fischer kennen die schönsten Plätze“, schwärmt er, „egal ob zum Schnorcheln oder Fische fangen.“ So fahren Besucher mit den Booten bis zu 15 Kilometer weit hinaus und profitieren vom Insiderwissen der Angelprofis. Während der Nebensaison kosten die Hütten 500-750 THB, in der Hauptsaison 300 THB mehr. Alle 12 Bungalows sind mit Ventilator, Dusche und Toilette ausgestattet. Das Restaurant liegt direkt am Strand, so dass man das Frühstück vor der herrlichsten Kulisse genießen kann, die dieser kleine Inselfortsatz bietet.

114 Moo 4, Thong Tanote Beach,
Tel. 423111,
+66 81 8914848

Coconut Villa Resort & Spa

Moderne Thai-Architektur im designten Parkgelände am Thong Tanote Beach mit weißem Strand und türkisglänzendem Meer bildet die Kulisse für ein neueres Topresort, das sein Augenmerk auf eine distinguierte Healthcare- und Spa-Klientel gelegt hat, die für den gebotenen Luxus über das entsprechende Portemonnaie verfügt. Statt eine familiäre wie in der Simple Life Villa herrscht hier – und dies gewollt – eine sterile Atmosphäre vor, Motto „man ist unter sich“.

114/1 Moo 4, Thong Tanote Beach,
Tel. 334069, (G-H)

Koh Taen – Koh Matsom

Gegenüber von Thong Krut liegt die etwa drei Kilometer lange und zwei Kilometer breite Insel Koh Taen. Neben einem kleinen Dorf, einem chinesischen Friedhof und drei recht günstigen Unterkünften hat die Insel nicht viel zu bieten. Die Strände sind nicht gerade toll, im Gegensatz zu denen auf Koh Matsom, die ganz passabel sind und an denen manchmal Backpacker ihr Lager aufschlagen, um anschließend ihren Müll dazulassen. Man kann gegen Bares in Fischerbooten zu den Inseln mitgenommen werden, dafür fragt man in folgenden Fischrestaurants nach: Kung Kaes, Gingpagarang oder Thong Krut Fishing Lodge (Tel. 423257). Die Kosten liegen bei ca. 200 THB pro Person, außerdem organisieren einige Veranstalter Angel- und Schnorcheltrips. Seagull Coral Tours (Tel. 423091) bieten außerdem Bootstouren zu den beiden Inseln inkl. Verpflegung, Schnorchelausrüstung und Transfer zur Unterkunft an.

DIE WESTKÜSTE

Die Westküste im Süden Nathons ist touristisch so unterentwickelt wie der gesamte Süden Koh Samuis. Völlig einsam und abgeschieden liegen die Strände unbeachtet am Meer, nur einige Bambushütten tun so, als warteten sie auf Gäste. Wo sind all die Naturfreaks und Romantiker hin, denen es doch hier gefallen müsste? Ich weiß schon, wo die sind, ich hab' nämlich ganz viele getroffen. Sie sitzen in Chaweng am quirligen Strand und beklagen sich darüber, dass die Insel schon komplett in den Klauen des Tourismus sei und zusehends an Charme verliere. Die Wahrheit ist, dass sie sich gar nicht fernab des Geschehens aufhalten möchten. Sie wollen nicht einsam an der Westküste am Strand sitzen und das wunderbare Farbenspiel, das die sinkende Sonne liefert, allein mit oder ohne einer Flasche Rotwein in der Hand genießen. Sie wollen auch nicht früh um halb sechs aufstehen und mit den Fischern hinausfahren, um die Fische im blauen Licht springen zu sehen. Sie möchten weiter in Chaweng sitzen und Leute treffen, bei denen sie sich beschweren können. Bitte schön, aber nicht mehr bei mir!

Unterkunft

Am Samui Resort

Was früher die Wiesenthal Taling Ngam Bungalows waren, heißt nach Besitzerwechsel nun Am Samui Resort. Nach wie vor gibt´s hier neun recht große Bungalows (wahlweise klimatisiert oder mit Ventilator) unter Kokospalmen und ein Strandrestaurant, das exzellente thailändische und europäische Küche bietet. Empfehlenswert für „motorisierte" Familien, wenn man über kleine Nachlässigkeiten des Hotelteams hinwegsehen kann und sich am Strand erst mal der Steine wegen mit Badeschuhen weiterhilft!

39 Moo 3, Taling Ngam,
Tel. 235165, (C-E)

Le Royal Meridien

Eines der ultraexklusiven Resorts von Koh Samui. Es zieht sich vom Strand in einer herrlichen Parklandschaft hügelaufwärts und bietet fantastische Ausblicke über Palmen, Klippen und das Meer. Die Unterkünfte bieten klassische Thai-Architektur und sind mit allem ausgestattet, was eine Top-Destination vorzuweisen hat. Von der

Rezeption sind es gut zehn Minuten zu Fuß bis zum Strand, so dass Hotelgäste mit kleinen Golf-Wagen hinuntergefahren werden, oder man wählt den kürzeren Weg zu einem der sieben Swimmingpools. Tenniscourts, sämtliche Wassersportoptionen inkl. Lehrer, Fitnesscenter, dazu ein perfekter Service ... ein Ort mit „Sittin'-on-top-of-the-world"-Feeling.

295 Moo 3, Taling Ngam,
Tel. 429100, (H)

Nathon

Die Inselhauptstadt Nathon ist der einzige größere Ort der Insel, jedoch keine Touristendestination, weil fast alle Besucher direkt nach ihrer Ankunft an einen der vielen Strände weiterreisen. Deswegen ist es die ursprünglichste Stadt Koh Samuis, mit dem größten thailändischen Flair und Lokalkolorit, was seine eigenen Reize mit sich bringt, wie auch die Szenerie frühmorgens, wenn die Fischtrawler entladen werden und Kähne und Fischer pittoreske Fotomotive bieten. Im Nordwesten Koh Samuis gelegen, ist Nathon so etwas wie der Nabel der Insel, da hier sämtliche Bootstouristen andocken und wieder wegfahren. In den drei parallel verlaufenden Hauptstraßen der Hafenstadt befinden sich etliche Geschäfte, Restaurants, Wechselstuben, Reisebüros, das Touristenbüro TAT und das Hauptpostamt. Die meisten, die in Nathon übernachten, reisen mit der Fähre am frühen Morgen weiter. Fällt einem erst bei Ankunft ein, dass die Urlaubsbücher vergessen wurden, hilft die sonst so ungerühmte Stadt bzw. der „Nathon Bookshop" weiter. Dort gibt´s eine tolle Auswahl gebrauchter Bücher in allen möglichen Sprachen. Bei Abreise kann man versuchen, die ausgelesenen Exemplare dort wieder loszuwerden.

Unterkunft

Sea View Guest House

59 geräumige, sehr preisgünstige Einzel- und Doppelzimmer mit Ventilator und Gemeinschaftsbad. Für einen kleinen Aufpreis, gibt´s ein eigenes Bad obendrein. Trotz des Namens verfügt keines der Zimmer über Seeblick.

175/4 Moo 3, Angthong,
Tel. 420298

Grand Sea View Hotel

Klimatisierte Zimmer mit TV und Kühlschrank, Swimmingpool, nahe den Fährdocks. Auch hier hält der Name nur teilweise, was er verspricht: 20 Zimmer bzw. deren Fenster liegen zur Stadt hin, 26 gewähren den Blick aufs Meer.

Palace Hotel

Große und saubere Zimmer, aber auch hier sind Namen Schall und Rauch, also bezieht man hier alles andere als einen Palast. Die teureren besitzen A/C.

Tel. 421079, (C-D)

Nathon Residence Hotel

Ein altbewährtes, schon etwas in die Jahre gekommenes Budget-Hotel, das mit Sauberkeit, Gastfreundschaft und Fürsorge um die Gäste beeindruckt. Sofern angefordert, gibt´s Begleitschutz durch einen Mitarbeiter zur frühmorgendlichen Fähre.

257/1-3 Taveeratpakdee Road,
Ang Thong,
Tel. 332662

Win Hotel

Wenn man's zum Abschluss nochmal komfortabel will, ist dieses perfekt in der Nähe der Anlegestelle angesiedelte Hotel genau das richtige. Dazu gibt´s große Zimmer mit Queensizebetten, Klimaanlage, WLAN, Kühlschrank und einen riesigen Fernseher. Zudem ist der Preis durchaus erschwinglich.

Essen

Nathon ist kein touristisches Highlight, doch die Kleinstadt ist – gerade deswegen – eine sehr gute Gelegenheit, ins Alltagsleben der Samuianer einzutauchen. Hervorragend eignen sich dazu der **Nathon Day Market** (6-21 Uhr, neben frischesten Produkten auch Mitnahmegerichte) in der Thawi Rachaphakdi Road im Süden und der **Nathon Night Market** (17-24 Uhr mit exotisch duftenden Garküchen) in der Chonwithi Road beim alten Pier. Bunte Farben, die turbulente Atmosphäre und vor allem die aromengeschwängerte Luft lassen sogar Satte hungrig werden. In Nathon gibt es mehrere gute Restaurants. Das **Chao Koh Restaurant** in der Straße gegenüber dem Hafen ist bekannt für seine Fischspezialitäten zu moderaten Preisen. Zum Frühstück empfehlen sich die hausgemachten Leckereien der **Roung Thong Bakery**. Intellektuelle und Gesundheitsbewusste bekommen im **Art & Craft Café** (Chonwithi Road) von 8-17 Uhr außer magenschonenden Thai-Kreationen einen Einblick in Kunst und

Kunsthandwerk der Insel. Wer für wenig Geld leckeren Thaireis oder Nudeln möchte, geht am besten ins **Raan Khao Tom Toh Rung**. Nach Mitternacht treffen sich die Traveller im **Pan On Café**, wo es relativ teuer, ein bisschen schummrig, dafür aber angenehm frisch ist. In der Ang Thong Road befinden sich gleich mehrere, ganz nette chinesische Coffee Shops und das **Coconuts**, ein geschmackvoll eingerichtetes Open-air-Restaurant, das Pizzen, Nudeln, Thaifood, Säfte, Kaffee, Wein und Bier offeriert.

Ang Thong Nationalpark

Von den vielen angebotenen Bootsexkursionen ist eine Tour besonders zu empfehlen: die zum Ang Thong National Park, der mit einer spektakulären wie unvergesslichen Szenerie aufwartet. 42 winzige Inseln, bis zu 400 Meter hohe, dicht bewachsene archaische Felsformationen aus Kalkstein, erheben sich aus den glasklaren Gewässern des Golfs von Siam. Die zahlreichen Inseln und Felsen wirken wie hingemalt. Schon bei der Anfahrt hat man den Eindruck, in eine verzauberte, magische, unwirkliche Welt einzutreten. Am Fuße der Steilfelsen befinden sich kleine, versteckte Strände aus feinstem, weißem Sand. Nur wenige Meter hinter den Stränden fällt das Meer steil ab und bietet exquisite Tauch- und Schnorchelgründe. Besonders die Abendstimmung bietet Fotografen ein mildes, warmes Licht samt dem Gefühl, auf einem anderen Planeten zu sein. Wenn man Glück hat, erheben sich vor der Traumkulisse riesige Vogelschwärme, die die Abgeschiedenheit des Archipels zum Brüten nutzen.

Der Archipel 35 km westlich von Koh Samui erstreckt sich mit seinen 42 Inseln über ca. 125 km^2, wovon 18 km^2 Landmasse und 102 km^2 geschütztes Nationalparkgebiet sind (die Region wird außerdem von der Königlichen Thailändischen Marine genutzt). Die beste Zeit hierherzukommen ist von Februar bis April bei relativ ruhiger See. Im November und Dezember können Monsunstürme und -regen Anfahrt bzw. Aufenthalt ungemütlich oder sogar unmöglich machen.

Auf der Insel Koh Wua Talap befinden sich die Nationalparkverwaltung und mehrere Bungalows, in denen Gäste übernachten können. Am bekanntesten ist die Insel für den spektakulärsten Aussichtspunkt Thailands. Beim Anstieg auf den Utthayan-Hügel auf einem mit Seilen gesicherten Weg (festes Schuhwerk erforderlich) hat man über 220 Höhenmeter zu überwinden und wird oben von einem atemberaubenden Blick über die im Norden aus dem Meer aufragenden Inseln des Archipels belohnt. Ein weiterer Weg führt in die Höhle Tham Bua Bok und ihre pittoresken Tropfsteinformationen.

Eines der beliebtesten Ausflugsziele ist die „Mutterinsel" Koh Mae mit ihrem in unterschiedlichen Farben glänzenden, pittoresken Talay Nai, dem „Inneren See", der durch unterirdische Kanäle mit dem Meer verbunden ist und auf einem einfach begehbaren Weg (Treppenstiegen) von mehreren Aussichtspunkten betrachtet werden kann.

Die beiden Inseln Koh Samsao und Koh Tai Plao bieten sehr gute Schnorchel- und Tauchgründe für Novizen. Weil die Wassertiefe im Archipel nur sehr flach ist und maximal zehn Meter erreicht, haben sich auch aufgrund der Strömung der abfließenden Flüsse Korallenriffe in dieser Region nur spärlich entwickelt, mit Ausnahme der geschützten Nordost- und Südwest-Seiten. Insbesondere die Inseln Koh Tai Plao, Koh Wuakantang und Koh Hintap sind mit feinpudrigen, weißen Stränden gesegnet.

Die meisten Besucher kommen von Koh Samui in organisierten Tagestouren (ca. 7-17.30 Uhr, 1 ½–2 Std. Fahrtzeit) hierher, bei denen je nach Programm und Wetterlage Schnorcheln, Kayakfahren, Wandern und Mittagessen angeboten werden. Ein bewährter Veranstalter ist u.a. Blue Star Kayaking (Tel. 413231, Schnorcheln, Kayak etc., ca. 2500 THB inkl. der Eintrittsgebühr von 300 THB) in Chaweng. Wer den Archipel intensiv kennenlernen und die in den Morgenstunden sehr lebhafte Fauna, besonders Vögel und putzige Haubenlanguren (Trachypithecus obscurus), eine hier heimische Affenart aus der Gattung der Meerkatzen, beobachten will, sollte eine über die Parkverwaltung vermittelte Unterkunft beziehen.

Mu Koh Ang Thong National Park,
145/1 Talat Lang Road,
Talat Sub-District,
Amphur Muang Surat Thani,
Tel. 286025

KOH PHA NGAN

Koh Pha Ngan ist das Koh Samui von „damals“, wie es vor der touristischen Erschließung war, nur in kleinerer Dimension. Etliche Abenteurer auf der Suche nach der ultimativen Robinsonade weichen mittlerweile auf diese nicht einmal 130 km² große Insel aus, die schroff und felsig ist und wunderbar ruhige Strände besitzt. Wer hierher kommt, erfreut sich über die noch günstigeren Übernachtungspreise und nimmt gern in Kauf, nicht ganz so komfortabel zu schlafen wie auf der berühmten großen Schwester Koh Samui. Im kleinen Hauptstädtchen Thong Sala bekommt man alles Überlebensnotwendige, also auch Bier im kleinen Supermarkt. Zwar wird im Buch „The Beach“ der selbstgemachte Alkohol aus Kokosmilch (nie probiert!) gepriesen, doch wer hat schon etwas gegen ein kühles Bierchen im Schatten einer Palme? Neben Bier samt Supermarkt gibt es in Thong Sala außerdem eine Filiale der Siam City Bank, ein Postamt, Telefon- und Fax-Service, Reisebüros, Tauchshops, Fotoentwicklung, einen Zweite-Hand-Buchladen und natürlich Motorräder, Mopeds und Mountainbikes zu mieten. Dabei empfiehlt es sich, die zehn Kilometer breite (von Ost nach West) und fünfzehn Kilometer lange (von Nord nach Süd) Insel zu Fuß zu erkunden, weil die Wege in abgrundtief schlechtem Zustand, oft schlaglochübersät und an vielen Stellen sehr gefährlich sind. Spä-

testens auf dieser Insel ist für den Motorradanfänger absolute Endstation. Extreme Gefällstrecken sind trotz Asphaltierung Unfallquellen ersten Ranges. Während es bei der Abfahrt die plötzlichen Kurven mit Sand auf der Fahrbahn sind, die sogar geübte Fahrer brutal zum Absteigen zwingen, kann es bei der steilen Auffahrt passieren, dass man einfach „hängen bleibt" und absteigen muss.

Apropos „hängen bleiben"! Das kann man auf Koh Pha Ngan nur allzu gut, nämlich auf der Full Moon Party nach einem LSD-Trip, ein paar fies gemixten Extacy-Pillen oder einer Überdosis Magic Mushrooms. Die Psychiatrie in Surathani (Suan Saranrom = Garden of Joys) kann ein leidiges Lied davon singen, denn sobald der Vollmond aufgeht, wird die Besetzung – die für diesen Tag Verstärkung erhält! – in Alarmbereitschaft versetzt, um die vielen Durchgeknallten in den Griff zu kriegen. Für eine Nacht im Monat befindet sich die Insel im Ausnahmezustand, das wissen auch die Einbrecher, die nachts in den Bungalows ihre Finger nach Wertsachen ausstrecken. Deswegen behält man Bares, gut getarnt und „gesichert" (?), am Körper, wenn´s zur großen Party geht, schließlich weiß man nie. Trotz allem kann man natürlich hier den tollsten Rave aller Zeiten erleben. Die herrlich sanft geschwungene Bucht von Hat Rin East verwandelt sich in der Vollmondnacht zu einer riesigen Fete, die schon nachmittags beginnt und bis zum frühen Morgen dauert. Teilweise im Wasser stehend, tanzen zigtausende Leute zu House, Techno, Trance, Drum 'n' Bass, Ambient, R&B und Reggae. Die Spuren des hemmungslosen Sauftourismus sind nach dem Alkoholtsunami mit aufgehender Sonne so scheußlich wie eindeutig: Der Hat Rin ist jetzt mehr Müllhalde denn Strand, bis die Männer mit den gelben Westen anrücken ... Mit der Unterkunft könnte es Probleme geben, wenn man erst am Partytag anreist. Etliche Raver kommen schon einige Tage davor, um die Betten zu belegen, Freunde zu treffen und sich schon mal warm zu machen fürs große Spektakel. Die größten Chancen auf ein Zimmer liegen abseits des Geschehens. Versuchen kann man´s im Hua Laem Resort, Seaview Haadrin Resort, Sun Cliff Resort oder im Lighthouse Bungalow. Ansonsten bleiben ja noch der Schlafsack und das große Bett unterm Sternenhimmel.

Sehenswertes

Koh Pha Ngan bietet keine bedeutenden Kultur-Highlights. Das eigentlich Sehenswerte ist die Insel an sich bzw. ihre wilde, unzerstörte Natur im Landesinneren und die fantastisch schönen Strände. Dennoch gibt es einige touristische Attraktionen. Etwa fünf Kilometer nördlich von Thong Sala in Richtung Chalok Lam befindet sich der **Phaeng Waterfall**, der aber nur unmittelbar nach der Regenzeit einen Besuch lohnt. Dafür kommt man mit dem Roller und einer kurzen Kraxeltour einfach hin. Zum Wasserfall gibt´s eine hübsche Aussicht (Dome-Sila-Aussichtspunkt) dazu. Ähnliches gilt für die Wasserfälle Than Prapat an der Ostküste am Nam Tok Beach, Than Prawet im Hinterland des Thong Nai Pan Beach und Wong Sai in der Nähe der Bucht von Mae Hat. Das Becken des **Paradise Waterfall** im Inselnorden ist als Badestelle beliebt – allerdings nur bei entsprechender Großwetterlage bzw. nach kräftigen Niederschlägen –, mit glasklarem Wasser, Bäumen und Lianen für den unterdrückten Tarzan in uns.

Der berühmteste Wasserfall von Koh Pha Ngan (und potenzieller Badeplatz) ist der **Than Sadet Waterfall**, der sich etwa auf halber Strecke zwischen Baan Tai und Thong Nai Pan befindet. Man kann ihn nur zu Fuß erreichen, entweder durch einen Aufstieg vom östlichen Thong Reng Beach (auch Hat Sadet genannt) bergauf in Richtung Westen oder von der Sandpiste in Richtung Osten. Than Sadet besteht aus einer Reihe von Kaskaden entlang eines kleinen Flusses. Hier befinden sich Gedenksteine, die an die Besuche

Phaeng Waterfall

thailändischer Könige erinnern. So haben sich z.B. die Könige Chulalongkorn (Rama V.), Rama VII. und König Bhumiphol Aduljadej auf Steinen verewigt.

Es ist augenfällig, dass auf Koh Pha Ngan wie auch auf Koh Samui „Sehenswürdigkeiten“ angepriesen werden, welche diesen Titel kaum verdienen. Das liegt vielleicht daran, dass es sich auf Karten oder in Reiseführern einfach gut macht, als touristisch orientierte Insel jede Menge „Tourist Attractions“ aufzuweisen. Doch man würde an vielen Stellen viel eher staunend innehalten und etwas phantastisch finden, wenn man nicht penetrant darauf hingewiesen würde. So wird aus dem „Ah!“ und „Oh!“ leider oft nur ein „Naja!“. Eigentlich schade.

Phaeng Waterfall

Auch die beiden folgenden Sehenswürdigkeiten lohnen kaum eine Extra-Anreise. Man kommt aber bei der Fahrt von Baan Tai nach Thong Nai Pan sowieso an ihnen vorbei. Gut zwei Kilometer nördlich von Baan Tai sieht man rechterhand den **Biggest Yang Na Tree**, einen riesigen, bunt geschmückten Baum, der 14 Meter hoch ist, einen Umfang von etwa 12 Metern hat und vermutlich mehr als 200 Jahre alt ist. Der farbenprächtige Zierrat soll Glück und Segen bringen. Nach weiteren drei Kilometern liegt ebenfalls auf der rechten Straßenseite der sogenannte „Twin Coconut Tree“, eine Kokospalme, deren Stamm sich in der Mitte gabelt und zwei Wipfel bildet. Der Baum liegt etwa 300 Meter östlich von der Sandstraße entfernt.

Sehr interessant und nicht nur ob der goldenen Buddha-Statuen definitiv sehenswert ist der herrlich gelegene Bergtempel **Wat Khao Tham**. Er befindet sich am Ende einer sehr steilen, rauhen Sandpiste, die von der geteerten Straße beim Dorf Baan Tai nördlich auf einem kaum erkennbaren, nicht ausgeschilderten Weg bergauf führt. Vom Aussichtspunkt auf dem Tempelgelände hat man

Wat Khao Tham

einen herrlichen Blick über die Südküste bis nach Koh Samui und das westliche Inselgebiet um die Hauptstadt Thong Sala. Morgens um 6 und abends um 18 Uhr erfolgen im Wat meditative Mönchsgesänge, denen interessierte Gäste beiwohnen können. In den letzten Jahren hat sich Wat Khao Tham zu einem beliebten Meditationszentrum für Ausländer entwickelt. Weil hier regelmäßig mehrtägige Kurse in Meditation abgehalten werden (in Englisch, das Meditationszentrum wird von einem US-amerikanisch-australischen Paar geleitet) und die „In-sich-selbst-Versunkenen" nicht gestört werden dürfen, herrscht fast immer absolutes Redeverbot. Leider sind die Kurse fast das ganze Jahr über ausgebucht, was angesichts der wunderbaren Lage des Tempels nicht verwundert. Wer es trotzdem versuchen und weitere Informationen will, schreibt an Wat Khao Tham, Koh Pha Ngan, 84280 Surat Thani, Thailand. E-Mail-Kontakt ist über ihre Internetseite www.watkowtham.org möglich. Die Kurse dauern zehn oder zwanzig Tage. Einen kompletten Überblick über sämtliche Regularien, Rituale, Besuchs- und Teilnahmeoptionen gibt´s auf www.kowthamcenter.org.

Der chinesische, der Göttin **Kuan Yin** geweihte Tempel ist mit seinen bunten Pagoden und Statuen ebenfalls sehr sehenswert. Er befindet sich etwa sieben Kilometer nördlich von Thong Sala in Richtung Chao Lok Lum. Auf der linken Seite führt ein Weg ca. 100 Meter von der Straße zum Tempel. Von hier aus hat man einen schönen Blick auf die weitläufige, von dicht bewachsenen Bergen gesäumte Bucht von Chao Lok Lum.

Thong Sala

Unterkunft

Shady Nook
Wer die Fähre am frühen Morgen nimmt, mietet sich die Nacht vorher am besten in diesem Guesthouse ein. Die Zimmer sind zwar recht spartanisch, aber komfortabel und sauber. (B)

Khao Guesthouse
Einfache Unterkunft, doch alles Notwendige ist vorhanden.

Buakhao Inn
Sehr klein, einige Zimmer mit Klimaanlage, ganz o.k. (C)

Pha-Ngan Chai Hotel
Die Preise hängen vom Ausblick ab. Die Zimmer aufs Meer sind teurer als die zum Garten raus. Alle haben TV, A/C, Kühlschrank und Dusche.

44/65 Moo 1,
Tel. 377068, (D-E)

Essen und Entertainment

Einige Cafés in der Nähe des Piers bieten Snacks nach „Westgeschmack“ an und verkaufen auch Tickets für die Boote. Wer auf Karaoke steht, ist in Thong Sala genau richtig, denn es gibt hier mehrere Karaoke-Bars. Das Nachtleben spielt sich vorwiegend in Thong Sala und Hat Rin ab und beginnt etwa ab 22 Uhr.

Die Strände

Bang Charu und Hinsong Kon

Im Süden der Insel befindet sich der Bang-Charu-Strand. Er zieht sich über drei Kilometer von der Hauptstadt Thong Sala bis zum Hat Rin im Südosten hin. Zwar ist der Strand nicht der tollste, dafür sind die meisten Bungalows hier extrem billig. Außerdem kann man am Strand auf Pferden ausreiten, was in Thailand eine absolute Seltenheit ist.

Unterkunft

Triangle Lodge
Die Liberty Bungalows haben sich mit zwei weiteren Cottages zur Triangle Lodge zusammengeschlossen und bieten saubere, ganz ordentliche Räume mit Duschen. Nettes Management und ruhiges Ambiente.

Baan Tai, 40 Moo 2,
Tel. +66 80 7171092 (B)

First Villa
Die Dekoration der Räume ist nicht jedermanns Geschmack. Dafür sind die Betten bequem, die Zimmer (mit sattem Aufschlag mit Jacuzzi) sauber. Toll ist der tropische Garten.

145/1 Moo 1, Baan Tai,
Tel. 377225,
firstvillaphangan@gmail.com,
www.firstvillabeachresort.com,
(D-E)

Phangan Villa
Basic-Zimmer sind mit und ohne Badezimmer zu haben. Weniger schön: Hier war´s schon mal sauberer. Das Schöne: Hier kann man kostenlos ausreiten (bzw. dies ist im Zimmerpreis enthalten).

Tel. 377083,
phanganvilla@hotmail.com, (A-B)

Charm Beach Resort
Besonders beliebt, darum oft ausgebucht. Schöne Bambushütten mit Strohdächern. Das Restaurant bietet thailändische und europäische Küche. Empfehlenswert, nur die Gerüchte über das Ende des Charmes beunruhigen!

101/2 Moo 1, Baan Tai Beach,
Tel. 377165,
booking@charmbeachresort.com,
(B-D)

Von Baan Tai bis Baan Khai

Schöner, ruhiger Strand, der sich gut zum Schwimmen und dank eines vorgelagerten Korallenriffs hervorragend zum Schnorcheln eignet. Am Pier werden Boote und Jet-Skis vermietet, die touristische Infrastruktur ist mit vielen Restaurants und Bars erweitert worden, und es gibt einige der günstigsten Unterkünfte der Insel. Einmal im Monat, genauer gesagt alle vier Wochen, gehen am Baan Tai Beach die Blackmoon Party und die Halfmoon Party über die Bühne bzw. den Strand.

Unterkunft

Lee's Garden
Einfache Hütten im schönen Garten, sehr beliebt und dennoch ruhig. Leckeres Essen!
(A-B)

Bantai Beach
Die günstigeren Räume haben keine Ventilatoren. Im Restaurant kann man gut und günstig essen.
(A-B)

Phangan Lodge
Ziemlich abgelegen bietet dieses Resort schön bemalte Hütten. (B)

Hat Rin

Die beiden Strände von Hat Rin an der Südostspitze der Insel sind die beliebtesten und touristischsten von Koh Pha Ngan. Von hier legen regelmäßig Fähren zu den Stränden Mae Nam, Bophut und Bang Rak auf Koh Samui ab. Der berühmte Hat Rin teilt sich in die Strände Hat Rin West und Hat Rin East, die durch kurze Sandwege miteinander verbunden sind, so dass man zu Fuß innerhalb weniger Minuten den gegenüberliegenden Strand erreichen kann. Dazwischen liegt inmitten üppiger Palmen das Dorf Ban Hat Rin. Hier gibt es einen kleinen Supermarkt, Restaurants und Garküchen, Boutiquen, Mopedverleiher und Reisebüros. Die geografischen Grenzen des per se wunderschönen, langen weißen Sandstrandes mit türkisblauem Wasser sind an beiden Enden mächtige Felsformationen, die eigentlichen Grenzen werden durch divergierende Interessen gesetzt, wenn z.B. zum entfesselten Jet-Ski-Fahren Wasserzonen für Schwimmer abge„sperrt" werden.

Unterkunft Hat Rin West

Neptune's Villa

Von der riesigen Auswahl an Unterkünften eine der besten. Allerdings nur, wenn man keinen Wert auf stilvolles Ambiente und Thai-Design legt. Ordentliches Basislager für diejenigen, die aus anderen Motiven zum Hat Rin kommen.

110/1 Moo 6, Hat Rin Nai Beach, Tel. +66 88 7623180, info.neptunevilla@gmail.com, www.neptunes-villa.com, (B)

Hat Rin Village

Die Unterkünfte haben Ventilatoren, eigene Duschen, Toiletten und Hängematten. (B)

Palm Beach

Sehr beliebtes Resort mit Bungalows in toller Umgebung. (B-C)

Friendly

Sauber und mit höherem Standard als die meisten anderen hier. Empfehlenswert! (B-C)

Charung Bungalow

Einfache, aber ordentlich ausgestattete Bungalows mit Duschen, Ventilator und Hängematten. Strom gibt's rund um die Uhr. Nettes Restaurant. (A-C)

Unterkunft Hat Rin East

Serenity Bungalows

Wie´s der Name verspricht, eine der ruhigsten und angenehmsten Unterkünfte. (B-C)

Paradise Resort

Mit seinem tollen Garten besonders beliebt zur Full Moon Party, deren Organisatoren Besitzer dieser Anlage sind. Hier gibt's Zimmer, in denen vier Leute in zwei Doppelbetten übernachten können.

Palita Lodge

Alle Zimmer mit Ventilator. Die billigsten haben Gemeinschaftsduschen. Das Restaurant legt sich zur Vollmond-Party mit einer riesigen Auswahl an Thai-Food mächtig ins Zeug. (B-D)

Sea View Haad Rin Resort

Auch hier gibt's Bungalows mit zwei Doppelbetten. Die billigsten Hütten haben Gemeinschaftsduschen. (A-E)

Pha Ngan Bay Shore Resort

Nachts werden Filme gezeigt, und auf den Veranden vor den schönen Hütten gibt´s Hängematten. Sehr beliebt! (C-F)

Von Hat Thian bis Than Sadet:

Unterkunft

Hat Thian Resort

Vom Hat Rin fährt man in 15 Minuten mit dem Boot hierher. Ein schönes, sehr ruhiges Resort mit einfachen Holzhütten, die gut in Schuss sind. Einige direkt am Strand, andere etwas zurückversetzt. Restaurant mit leckerem Thai-Food.

59/1 Moo 8, Hat Thian Beach,
Tel. (0)81 2293919, (B-C)

The Sanctuary

Eine architektonisch superb gestaltete Anlage, die ebenfalls nur per Boot zu erreichen ist. Sanctuary-Gäste können an Kursen in Yoga, Meditation, Heilfasten, Massage, Tai Chi sowie Schnorchel- und Dschungeltrips teilnehmen. Die Bibliothek bietet esoterische Bücher, im Restaurant werden u.a. sehr gute vegetarische Speisen angeboten. Sehr empfehlenswert, fast schon selig machend!

Tel. (0)81 2713614,
info@thesanctuarythailand.com,
www.thesanctuarythailand.com , (D-E)

Thong Nai Pan Noi

Angeblich war dies der Lieblingsstrand von König Rama V. Und diese wunderbare Bucht ist wahrlich majestätisch! Sie ist mit ihrem herrlichen Strand, puderfeinem Sand, glasklarem Wasser und den spektakulären Felsen einzigartig. Der Weg hierher führt durch einen wunderbar unberührten Dschungel. Von Hat Rin aus kommt man per Boot hierher. Was Hat Rin enthemmten Partykrakeelern, ist Thong Nai Pan Noi sentimentalen Honeymoonern. Fast ausschließlich durch Resorts im oberen Preissegment flankiert, bieten diese die Komplettversorgung für Paare, die für ihren Traum vom Urlaub unterm Himmel voller Geigen bereit sind, üppigste Preise zu bezahlen. Den Norden der Bucht hat ein Nobeletablissement samt Strand exklusiv für sich in Beschlag genommen.

Unterkunft

White Sand
Am Südende von Thong Nai Pan Noi gibt´s eine gute Auswahl an Unterkünften, die besten unter den wenigen günstigen vor Ort. Das Essen ist lecker und preiswert, die Belegschaft besonders freundlich. (B-D)

Thong Nai Pan Yai

Wie der nicht weit entfernte „Zwillingsstrand" Thong Nai Pan Noi sorgen mit üppigem tropischem Regenwald bewachsene Hügel und die beschwerliche Anfahrt für das Fehlen eines größeren Dorfes und die exotische Tropenkulisse, vor der sich ein traumhafter, knapp ein Kilometer langer Strand aus feinstem, nein, nicht Zuckerguss, aber Sand ausbreitet, der höchstens für Wellenreiter – weil jegliche Brandung fehlt – in pure Langeweile mündet.

Nice Beach Bungalows
Nettes (der Preis macht das Lächeln) Resort mit Bungalows in verschiedener Qualität und Preislage. Restaurant und Vermietung von Jeeps und Motorrädern. Tel. 238547, -94 (A-C)

Tong Ta Pong
Eine tolle Auswahl an Holzbungalows, von denen sich einige auf dem Berg, andere am Strand befinden. Das thailändische Essen ist sehr gut und günstig und wird im Restaurant serviert, das mediterran anmutet mit seinen Terracotta-Böden und Mosaiken. Sehr empfehlenswert! (B-C)

Hat Khuat

Den fünf Kilometer nordwestlich von Thong Nai Pan gelegenen Strand erreicht man mit einem Taxiboot in zehn Minuten von Chao Lok Lum aus. Der einsame Sandstrand könnte direkt einer Postkarte entsprungen sein, so schön ist er. Deswegen ist er bevorzugtes Ziel von Aussteigern, die sich nach Abgeschiedenheit sehnen. Grobkörnig, rustikal, Massagen auf dem Hochsitz überm Wasser und ganz wenige Hotels ... Vor einer Großinvasion braucht sich keiner zu fürchten.

OD Bungalows
Am nördlichen Ende, einfache Bungalows in einem tollen Ambiente mit wunderbaren Ausblicken auf den Sonnenuntergang. (A-B)

Bottle Beach
Schlichte Holzbungalows unter Kokospalmen. Sehr ruhig (A-B).

Chao Lok Lum

Ein herrlicher, geschützt gelegener Strand an Koh Pha Ngans Nordküste mit extrem feinen Pudersand. In den Wintermonaten ist er bei kräftiger Brise ein Eldorado für Kitesurfer. Das Equipment kann direkt vor Ort gemietet werden. Ganzjährig kommt im hinteren Bereich bei den kleinen Fischerhütten der Fisch vom Meer direkt in Topf oder Pfanne und wird hungrigen Gästen ausgesprochen lecker serviert. Im Dörfchen Ban Chao Lok Lum kann man Fahrräder und Tauchequipment mieten.

Try Thong
Freundliches Management, sehr ruhig, tolles Essen. (A)

Paradise
Sehr nette Leute, toll zum Schwimmen ist der nahe gelegene Wasserfall, sehr empfehlenswert. (B)

Thong Nai Pan Noi Beach

Hat Salat und Ao Mae Hat

Dies ist eine der ruhigsten Gegenden der Insel mit den günstigsten Unterkünften. Durch einen ganz flachen Einstieg ins Wasser ohne jegliche tosenden Wellen ist´s ein wie für Familien gemachter Strand, um zusammen verspielt durch den Tag zu dümpeln, worauf sich die kleinen Hotels eingerichtet haben. Auch die Anreise ist familienfreundlich und erfordert keine draufgängerischen Abenteuerfreaks.

Wang Sai Resort
18 sehr schöne Bungalows, vom Strand durch eine Lagune getrennt. Leider kaum Ausblick aufs Meer. Schnorchelausrüstung zu mieten, Restaurant mit leckerem Thai food und europäischen Gerichten. (A)

Island View Cabana
Eines der ältesten, sehr beliebten Resorts auf der Insel, optimal gelegen für Schnorchelfreunde. Einfache Hütten, einige mit eigenen Duschen und Toiletten. Das Restaurant verfügt über eine große Auswahl toller Speisen, außerdem kann man supergünstig Billard spielen. Sehr empfehlenswert! Tel. 374172 (B-C)

Hat Yao

Ein sehr schöner, sauberer Strand an der Westküste, der optimal ist zum Schwimmen und Schnorcheln, mit einem bunt gemischten Publikum, weil – ohne speziellen Thrill oder Sensationen – er vom gemächlichen Chillen bis zum Spaß am und auf dem Wasser alles bietet. Per Pick-up 20 Minuten von Thong Sala entfernt.

Silver Beach Bungalows
Tolle Bungalows (die alten Bambushütten wurden inzwischen durch größere Holzhäuschen ersetzt) mit Gemeinschaftsduschen. Im Restaurant gibt's europäisches und thailändisches Essen. (A-C)

Dream Hill Resort
Jeder Bungalow hat eine Veranda mit Spitzenaussicht. Im Restaurant gibt's eine große Auswahl an Speisen zu vernünftigen Preisen. (C-D)

High Life
Zwei Dutzend Bungalows mit unterschiedlicher Ausstattung umgeben einen exponierten Swimmingpool. Moderner, geräumiger und dennoch mit Abnutzungsspuren. Anonymerer Aufenthalt als in den Benja Waan Bungalows. (C-D)

Ao Chao Phao

Durch ein nahes, vorgelagertes Riff (Schnorchelrevier) wird jede nennenswerte Brandung zurückgehalten. Seichtes Wasser und eine flache Uferzone machen den Strand zur überdimensionierten Badewanne. Es herrscht eine „geschäftige" Laid-back-Atmosphäre vor, gegen Strandmonotonie gibt´s Kayaks etc. zu mieten, vor allem sind hier an Land Yoga, Massagen und Gemütlichkeit angesagt.

Jungle Huts
Auf den großen Veranden vor den Hütten gibt's Hängematten. In die Anlage sind Anzeichen des Niedergangs eingekehrt, aber noch kann man hier gut essen und es gibt eine riesige Auswahl an Cocktails. (B)

Seaflower Bungalows
Die Preise richten sich nach Strandentfernung und Zimmerqualität. Einige ältere „Domizile" sind supergünstig, aber in einem arg heruntergekommenen Zustand. Die neuen topausgestatteten Häuschen sind einwandfrei. Das Management organisiert Campingtouren, Schnorcheltrips, Fischen und Tauchen. Tolles Restaurant, sehr zu empfehlen. (B-D)

Ao Sri Thanu

Diesen ruhigen Strand – sicher nicht einer der schönsten von Koh Pha Ngan – mit puderfeinstem Sand und seichtem Wasser erreicht man in 15 Minuten per Pick-up von Thong Sala aus. Dazu gibt´s in der Nähe einen von Ananaspalmen umgebenen Frischwassersee für ein erfrischendes Bad. Manch einer ist hier schon als unbedarfter, schnodderiger (Pauschal-)Urlauber nach Shri Thanu gekommen und als angefressener, oder besser „meditierender" Yogi abgereist. Denn Yoga, Massagen, vegetarische und vegane Kost, alles, was zur Balance von Geist und Körper beiträgt, sind das Thema, das sich über den ganzen Strand bis hinein ins Dorf zieht.

Seaview Rainbow
Ein kleines Resort in der zweiten Reihe mit ventilatorengekühlten Holzhütten, Gemeinschaftsduschen und grantelndem, aber friedlichem Betreiber. (A)

Nantakarn Resort
Nette Bungalows, wenn man mit Basic-Ausstattung zufrieden ist. Kostenlose Benutzung von Schnorchelequipments. Tolles Essen und noch bessere Shakes. (A)

Ao Wok Tum & Ao Nai Wok

Im Südwesten Koh Pha Ngans bieten sich Strandgängern eher bescheidene Schwimmoptionen, die bei Ebbe zusätzlich eingetrübt werden. Kayakfahrten zu zwei kleinen Inselchen und ein Easy Goin´ am Strand sind angesagt. Gut frequentiert von Backpackern, schließlich ist man nicht weit von Thong Sala bzw. der Fährstation entfernt.

Cookies Bungalow
Beliebte Low-budget-Anlage mit ungezwungener Atmosphäre. Einige Bambusbungalows sind schon etwas in die Jahre gekommen, andere sind besser ausgestattet. Die Veranden mit Meerblick besitzen Hängematten. Toller Garten, Restaurant, Surfbrett- und Segelbootvermietung. (A-B)

Lipstick Cabana
Nördlich von Wok Tum einfache Hütten mit Gemeinschaftsduschen, aber ohne Ventilatoren, sehr ruhig, freundlich geführt. (A-B)

Darin
Die geräumigen Bungalows direkt am Meer verfügen über große Veranden und Gemeinschaftsduschen. (B)

Essen auf Koh Pha Ngan

Die meisten Besucher der Insel essen in den Bungalow-Anlagen, die teilweise über exzellente Restaurants verfügen. In den billigeren Resorts werden oft einfache, aber sehr schmackhafte Nudel- und Reisgerichte serviert. Fisch und Meeresfrüchte schmecken auf Koh Pha Ngan genau so frisch wie auf Koh Samui. Und das Essen ist auf Koh Pha Ngan noch preisgünstiger, z.B. im beliebten Restaurant von Mr. Chin am Thong Sala Pier.
Zum Frühstücken geht man am besten ins Rin Beach Kitchen & Bakery, leckere Hühnchen nach Thai-Art gibt's im Chicken Corner. Das Old Lamp (Hat Rin Nok) hat sich mit gebackenen Kartoffeln, Salaten, Sandwiches und herrlichen Frucht-Shakes einen Namen gemacht. Im Om Ganesh in der Nähe des Piers isst man genau so gut indisch wie im Namaste Chai Shop. Das Orchid Restaurant & Bar ist populär bei Leuten, die während des Essens gerne von Videos unterhalten werden.

Hinkommen

Es gibt keinen Flughafen im „Garten Eden". Doch zahlreiche Boote verkehren in regelmäßigen Abständen zwischen Koh Samui und Koh Pha Ngan (ca. 1 Std., ca. 300 THB). Von Koh Samui fahren täglich Boote von Mae Nam, Big Buddha Beach und Nathon nach Thong Sala, der Hauptanlege- und -ablegestelle von Koh Pha Ngan. Einige von ihnen fahren direkt zum Pier von Hat Rin. Am Tag der Full Moon Party legen am Big Buddha Beach von 7 Uhr bis Mitternacht stündlich Boote direkt nach Hat Rin ab. Am Folgetag sind die Rückfahrzeiten Hat Rin-Big Buddha Beach stündlich von 3-7 Uhr. Komfortabler und viel schneller sind Schnellboote resp. Katamarane, die für den Transfer statt 1 ¼ Std. nur 30 Min. brauchen und etwa den doppelten Fahrpreis kosten. Zu den Schiffsunternehmen auf diesen Routen zählen:

Songserm Express Boat

Tel. 420157,
info@songtherm.com,
www.songserm.com,
2x tägl.

Seatran Ferry,

363/2 Moo 3, Tel. 1381,
info@seatranferry.com,
www.seatranferry.com,
2x tägl.
zwischen Pier Big Buddha Beach und Thong Sala

Lomprayah High Speed Catamaran

Tel. +66 89 873774,
info@lomprayah.com,
www.lomprayah.com,
(3x tägl.)

Alle o.g. Fährgesellschaften bieten Fahrpläne und Online-Ticketservices auf ihrer Homepage. Am schnellsten und teuersten ist der High Speed Katamaran von Lomprayah.

Transport auf Koh Pha Ngan

Koh Pha Ngans Straßen sind trotz touristischer Erschließung immer noch eine Katastrophe. Fußmärsche sind daher die beste und vor allem sicherste Möglichkeit, die Insel zu erkunden. Ansonsten kann man Mountainbikes mieten (z.B. im Phangan Batik Shop in Thong Sala) und Motorräder oder Roller, die es in Thong Sala, an den Stränden und in einigen Resorts gibt. Die Mietpreise sind hier bedeutend niedriger als auf Koh Samui. Die meisten Strände werden von Songthaews (Pick-up-Sammeltaxis) angefahren, zu anderen wiederum gelangt man nur per Boot. Langboote fahren von Thong Sala und dem Baan Kai Pier nach Hat Ring, Thong Nai Pan, Hat Yao und Hat Khuat, ebenfalls eine kostengünstige Variante.

Tauchen

Für erprobte Taucher bietet die Westküste beste Tauchmöglichkeiten. Faszinierende Hartkorallen- und Saumriffe und Sichtweiten von stattlichen 30 Metern sind die Voraussetzungen für eindrucksvolle Tauchgänge. Exkursionen werden auch nach Koh Wao Yai nördlich des Ang Thong Marine National Parks durchgeführt, wo es wesentlich tiefer runtergeht. Empfehlenswerte Anbieter:

Chaoloklum Diving

56/1 Moo 7, Chao Lok Lum Village,
Tel. +66 86 1206461,
info@chaloklum-diving.com,
www.tauchenkohphangan.com

Lotus Divers

57/6 Moo 7, Chao Lok Lum,
Tel. + 66 89 4694719,
info@lotusdiving.com,
www.lotusdiving.com,

The Dive Inn

37/1 Moo 7, Chao Lok Lum Village,
Tel. 374262,
thediveinn@gmail.com,
www.the-diveinn.com

Haad Yao Divers

84/31 Moo 8, Hat Yao,
Tel. +66 86 2793085,
contact@haadyaodivers.com,
www.haadyaodivers.com

Phangan Divers

Moo 6/94, Mae Hat
(Hat Rin westlich des Piers),
Tel. 375117,
info@phangandivers.com,
www.phangandivers.com

Schnorcheln: Korallen gibt es mit Ausnahme der Ostküste fast überall. Mae Hat ist besonders beliebt, weil die Korallen in Ufernähe nur ein paar Meter unter der Oberfläche zu finden sind.

Fischen: Nachfragen bei Ang Thong Island Tours in Thong Sala!

Muay Thai: Thaiboxen

Kobra Muay Thai Boxing Stadium: In Thong Sala (an der Hauptstraße in Richtung Baan Tai) finden alle 2-3 Wochen Kämpfe statt.

Action pur mit einem bewährten Gladiatorenteam, packende Kämpfe und auf den Rängen eine brodelnde Stimmung gibt´s in Koh Pha Ngans bester Arena. Bei Altmeister Kongpipop und seinem Trainerteam kann man sich im Gym von Mo.-Sa. von 8.30-11, 16.30-19 Uhr in Muay Thay unterrichten lassen und bei genügend Übermut gegen Kickboxer der Insel „sparren".

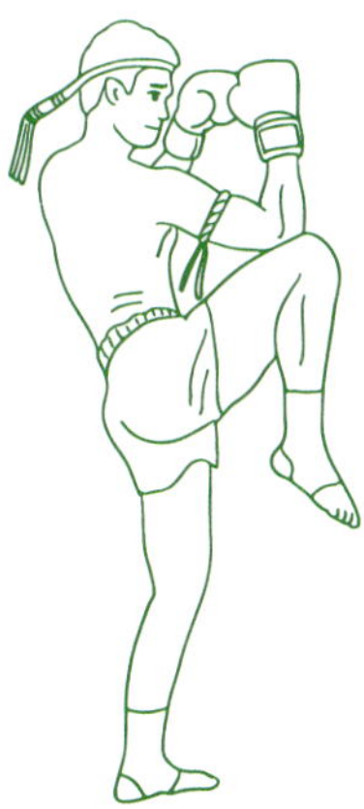

Wichtige Adressen:

Geld wechseln kann man in der Siam City Bank am südlichen Ende von Thong Sala (Mo.-Fr. 8.30-18 Uhr) oder in Hat Rin. Die **Post** in Thong Sala ist Mo.-Fr. 8.30-16.30 Uhr, Sa. bis 12.30 Uhr geöffnet. Ein gutes **Reisebüro** führt Mr. Chin in Thong Sala. Ein anderes ist Songserm Travel Co..

Krankenhaus: Das First **Western Hospital** in Thong Sala ist die bestausgestattete Klinik der Insel:

112/44 Moo 1,
Tel. 377474,
info@firstwesternhospital.co.com,
www.firstwesternhospital.healthcare

Die **Ocean Medical Clinic** in Hat Rin füllt sich zur Fullmoon Party regelmäßig mit abgestürzten „Partyleichen".

Die **Polizei** hat ihr Hauptquartier an der Straße von Thong Sala nach Chao Lok Lum nach etwa zwei Kilometern.

Telefon-Vorwahl: wie auf Koh Samui 077. Ist hier keine gesondert aufgeführt, ist diese zu wählen.

KOH TAO

Lange hat sich niemand für dieses Kleinod im Golf von Thailand interessiert. Völlig abgelegen von jeder Zivilisation, sehr felsig und mit schmalen Stränden, hielten sich auf der „Schildkröteninsel" gerade mal eine Handvoll Fischer und Kokosnussbauern auf. Sie hatten ihre entlegene Robinsoninsel noch vor fast 50 Jahren für sich allein, als das 65 Kilometer entfernte Koh Samui sich langsam, aber sicher zum Touristenliebling entwickelte. Die Einheimischen wussten, dass es nicht lange dauern würde, bis auch sie ihr Paradies mit Ausländern teilen mussten. Vom Hippie-Trail, der sich von Goa nach Bali durch ganz Südostasien zog, strandeten schließlich ein paar Zivilisationsmüde auch auf Koh Tao und gesellten sich zu den Einheimischen. Sie stellten fest, dass dieser nur 21 km^2 große Inselwinzling genau das war, wovon sie seit den ersten Seeabenteuerromanen ihrer Kindheit geträumt hatten. Es gab keinerlei Komfort, von Strom ganz zu schweigen. Sie hatten nur sich selbst, die wunderbare tropische Natur, das klarste Wasser, das man sich vorstellen konnte, und Schwärme der schillerndsten Fische, die sich darin tummelten. So ist es nicht verwunderlich, dass in kürzester Zeit weitere Abenteurer eintrafen, die kaum glauben konnten, dass diese herrlichen Ko-

rallenriffe von den Tauchern dieser Welt bisher unentdeckt geblieben waren. Und wie das so ist, wenn man etwas so Zauberhaftes entdeckt und sich vor Begeisterung kaum retten kann: Man möchte die Entdeckerfreude mit anderen teilen und winkt seine besten Freunde heran. Das Winken der ersten Taucher wurde zum Lockruf an die Unterwasserfreunde aus der ganzen Welt und immer mehr Fähren dockten an der Insel an. Heute ist Koh Tao absolut angesagt, und zu den üblichen und langsamen Fähren haben sich PS-starke Speedboote gesellt, die von Koh Samui oder Koh Pha Ngan binnen zwei Stunden heranrauschen. Der befürchtete Tagestourismus blieb zum Glück aus, so dass sich nur Leute einfinden, die ein paar Tage Tauchurlaub machen möchten und die traumhafte, ursprüngliche Natur zu schätzen wissen. Da sich die meisten nur in die Meereswelt stürzen, ist das dicht bewaldete Inselinnere noch beinahe unberührt und wunderbar unterentwickelt. Zwei Pisten entlang von Sai Ree und Chalok Ban Kao tun nicht einmal so, als wollten sie sich zu Straßen entwickeln. Wer eine Nacht auf Koh Tao verbracht und Moskitospray und Kerzen nicht vergessen hat, muss sich einfach in diese kleine, charmante Insel verlieben.

Luftsicht auf Sai Ree Beach

Tauchen

Zum guten Ambiente in den wenigen Bars und Kneipen tragen die Gemeinsamkeiten der Traveller bei. Fast alle Gespräche drehen sich ums Tauchen oder Schnorcheln. Wo gibt es die besten Plätze? Worin unterscheiden sich die Tauchschulen? Einigkeit besteht darin, dass es rund um Koh Tao die besten Dive Spots im Golf gibt und die Region aufgrund der unterschiedlichen Tiefen optimal für Anfänger ist. Nirgends kann man günstiger und gefahrloser die ersten Schritte in die Unterwasserwelt unternehmen als auf Koh Tao. Der Erfahrungsaustausch zwischen Neulingen und alten Hasen ist gerade beim Tauchen ungemein wichtig und die tauchfixierten Resorts sind der beste Treffpunkt dafür. Beim letzten Besuch in der Taraporn Bar war das Hauptthema „Rocky Bay". In der fast völlig von Korallen bedeckten Bucht kommen unter der Nachmittagssonne Schwarzspitzen-Riffhaie bis auf zehn Meter an den Strand heran. Das Wasser ist hier kaum tiefer als einen Meter und herrlich klar. Ebenso „thrilling" (ein Lieblingswort der Taucher) ist die Begegnung mit einem Riesendrückerfisch, bei denen es sich angeblich um reizbare, bunte Monstren handelt, die gerne an Ohren knabbern und daher auch „Tyson" genannt werden. Anfänger müssen sich, sobald sie mit Erfahrenen in Kontakt treten, die haarsträubendsten Geschichten anhören. Wenn es nach den Erzählungen ginge, müsste beinahe jeder Taucher ein Körperteil zu wenig oder zumindest eine riesige Narbe haben, die von einem Kampf in der Unterwasserwelt herrührt. Aber diese Stories von wilden Abenteuern unter Wasser gehören einfach zu den Tauchern und sollten Anfänger nicht davon abhalten, auf Koh Tao einen Kurs zu machen. Die Insel verfügt über sehr gute Schulen mit professionellen, sehr erfahrenen Lehrern. Außerdem haben die Guides absolutes Interesse daran, Klienten heil ins Boot und in diesem bestens gelaunt zurückzubringen, schließlich haben die Schulen einen Ruf zu verlieren und die Konkurrenz wird immer größer. Entlang der beiden längeren Strände Sai Ree und Chalok Ban Kao sowie im einzigen Dorf der Insel, Mae Hat, operieren etwa zwei Dutzend Tauchbasen. Um Preiskriege zu vermeiden, haben sich die Tauchstationen – viele sind mit den Resorts fest verbunden –

auf Standardtarife geeinigt, was den Neuankömmlingen den Preisvergleich erspart. So kostet z.B. der Schein für offene Gewässer überall gleich, ebenso für ein „Discover Scuba Dive" oder ein „Fun Dive" für Erfahrene. Alle Schulen akzeptieren Kreditkarten. Will man zunächst die Taucher in Action ansehen, bevor man einen Kurs fix bucht, kann man bei den meisten Schulen kostenlos mit hinausfahren und bezahlt dabei nur für das Schnorchelequipment. Unter den zahllosen Tauchschulen nur einige Beispiele:

Scuba Birds

24/21 Moo 2, Mae Hat,
Tel. +66 81 4160075,
kohtao@scubabirds.com,
www.scubabirds.com

Calypso Diving Tanote Bay

Ao Ta Not,
Tel. +66 84 8415166,
dennis@diving-calypso.de,
www.diving-calypso.de

Dive Point Koh Tao

16 Moo 2, Mae Hat,
Tel. 0151-11222871 (in Deutschland),
info@goanddive.de,
www.goanddive.de

Unterkunft

Die größte Dichte an Unterkünften bieten die beiden längeren Strände Hat Sai Ree und Chalok Ban Kao. Es empfiehlt sich, sein Lager hier aufzuschlagen. Nicht nur, weil sich dort das spärliche Nachtleben abspielt, sondern auch, weil die Tauchstationen gut zu erreichen sind. Wer die Einsamkeit liebt, wird an den anderen Stränden sein Glück finden, die wegen der schlechten Straßen oft nur durch lange Fußmärsche oder Taxiboote zu erreichen sind. Wer schon auf Koh Samui weiß, dass es für ein paar Tage zum Tauchen nach Koh Tao geht, sollte schon von dort aus Kurs und Zimmer buchen. Nichts ist unangenehmer, als bei Ankunft ewig nach einem Zimmer zu suchen, wenn man doch am liebsten gleich ins Wasser springen würde. In der Hochsaison kann einem das durchaus passieren, an den abgelegenen Stränden findet man fast immer ein Zimmer. Der Luxus von Strom rund um die Uhr ist die Ausnahme. Es hört sich total romantisch an, einige Nächte auf den Fernseher und das Summen der Klimaanlage zu verzichten und stattdessen absolute Ruhe im Schein der Öllampe zu genießen.

Spätestens dann, wenn die schwüle Tropenluft und das Summen der Moskitos einen keine Ruhe finden lassen und man aus Verzweiflung alle zehn Minuten unter die Dusche springt, ist es mit der Romantik schnell vorbei! In einigen Bungalows gehen Licht und Klimaanlage um 22 Uhr aus. Wem die Hitze sehr zu schaffen macht, sollte einfach zusehen, schon vor der Dead-Line einzuschlafen und bis zum Morgen nicht mehr aufzuwachen. Oft wird es mit dem langen Schlafen nichts, weil man hier sehr früh auscheckt. Im Hauptörtchen Ban Mae Hat kann man neben Insektenspray die grünen Räucherringe gegen Insekten kaufen. Schon manchem ist schlecht geworden beim Einatmen des fiesen Rauches, aber bei Insekten scheint das noch besser zu funktionieren, so dass sich die Investition durchaus lohnt. Wer an abgelegenen Stränden wohnt, sollte sich vorher um ausreichend kaltes Trinkwasser kümmern. Die Guesthouses verfügen zwar oft über ein eigenes Restaurant, aber mitten in der Nacht die Besitzer aus dem Bett zu holen, weil man am Verdursten ist, kommt weniger gut an.

Ban Mae Hat (& Umgebung)

Hier kommt man an, hier ist das Fährpier von/nach Koh Samui und Koh Pha Ngan. Die wichtigsten Dinge, die man auf Reisen braucht, findet man im Dorf. Der Strand, nördlich vom Pier, bis zu den Granitfelsen ist das bessere Schwimm- und Schnorchelterrain, mit touristischer Infrastruktur ausgestattet, aber keineswegs das Ziel aller Begehren. Noch vernachlässigter ist der kleine südliche Teil.

Südlich des Piers

Sensi Paradise Beach Resort

Am südlichen Strandende bei den Felsen gibt es eine große Auswahl an Zimmern, von denen die billigsten etwas überteuert sind und weder Ventilator noch private Duschen haben. Die teureren sind hingegen sehr nett designed in traditioneller Thai-Architektur. Idyllisch ist der reich bepflanzte Garten. Weiteres Plus: Umweltpolitisch korrekt geführt.

27 Moo 2, Mae Hat,
Tel. 456244,
info@sensiparadiseresorts.com,
www.sensiparadiseresorts.com (A-D)

Koh Tao Royal Resort

Sehr saubere, geräumige Bungalows mit hübschem Dekor, die meisten mit A/C und einige sogar mit einem Bad auf dem Dach. Das „Königliche“ im Namen sollte man vergessen, doch ein freundliches Lächeln gibt es hier allemal. Sehr freundliches Personal und ein belebtes Restaurant. Permanent Strom.

24/3 Moo 2,
Tel. 456156, (D-E+)

Nördlich des Piers

Koh Tao Beach Club

Luftige, allerdings etwas überteuerte Zimmer (einige mit A/C), an denen der Zahn der Zeit nagt und der Muff mit dem Flair noch um die Oberhand kämpft. Kleines Strandrestaurant, Motorradvermietung.

7/1 Moo 2,
Tel. 456222,
kohtaobeachclub@hotmail.com (D)

Hat Sai Ree (Westküste)

Der Hat Sai Ree ist der Hot Spot Koh Taos. Hier gibt´s Tauchschulen en masse, Strandbars, wo tagsüber und erst recht in die Nacht hinein wummernde Bässe den Ton angeben, wo Stand up Paddles, Jet-Skis und Kayaks den Schwimmern heftig Konkurrenz machen, die es durch den nur ganz flach abfallenden Untergrund eh schwer haben und ewig weit hinauswaten müssen, bis sie genügend Freiraum unter den Füßen zum Schwimmen haben. Kurzum, auf fast zwei Kilometern ein Ort, wo der Bär steppt. Deswegen sind hier vor allem jüngere Badegäste anzutreffen. Landeinwärts bietet die Flaniermeile zudem Boutiquen und Urlaubströdel zuhauf.

AC Resort

Nette Holzhäuschen mit Moskitonetzen an den Fenstern, teil-

Sai Ree Beach

weise auch über den Betten. Gemeinschaftsduschen, Ventilator oder A/C, Veranda, rund um die Uhr Strom. Spät abends lästige Geräuschkulisse von der angrenzenden Partyszene möglich. Das Resort arbeitet mit den Phoenix Divers zusammen, die ein umfangreiches Tauchprogramm anbieten.

1 Moo 1,
Tel. 456197, (C-E)

Die Klippen am Nordende des Hat Sai Ree:

Silver Cliff
Einige Räume bieten von den Klippen einen wunderbaren Blick aufs Meer. Die billigeren haben keine Ventilatoren, dafür sind auf allen Veranden Hängematten. Das Essen ist günstig und gut, das Schild „Please eat here" kann befolgt werden.

21/1 Moo 1,
Tel. (0)87 5026565, (B-C)

Ao Mamuang (Nordküste)

Es ist eine abgelegene Bucht an der Nordspitze Koh Taos, umgeben von hohen Felsen und steilen Hügeln, die sich direkt überm steinigen Ufer erheben. Hierher kommt man nur per Boot, da es keine Zufahrtswege oder -straßen gibt. Die Atmosphäre ist dementsprechend einsam. Das Coral Cove (B) wird von sehr freundlichen Leuten geführt und ist zu empfehlen.

Mango Bay Grand Resort
Auf einem Hügel oberhalb der Bucht haben die früheren Basic-Hütten einem Resort Platz gemacht, der eine gehobene Unterkunftskategorie anbietet. Bestens eingerichtete Bungalows und sehr akkurater Service. Allerdings überteuertes Restaurant, dessen Preise die Kochkünste der Köche übertreffen.

28/5 Moo 1, Tambon,
Tel. +66 02 1071409,
mangobay.kohtao@gmail.com,
www.mangobaykohtao.com (E)

Ao Hinwong (Ostküste)

Friedlicher geht es nicht. Vom Pier geht´s mit dem Taxi hierher, das Fahrgäste einen Kilometer vor dem Strand rauslässt, weil die Weiterfahrt aufgrund der unwegsamen Straße unmöglich ist. Hauptsächlich Tagesgäste auf Stippvisite sind zugegen, die die ideale Bucht zum Schnorcheln zu schätzen wissen. Die Unterkünfte hier sind sehr einfach, stromlos und mit Gemeinschaftswaschräumen ausgestattet. Das empfehlenswerte Green Tree

Resort (A-B) bietet Schnorchelequipment für die Dauer des Aufenthaltes.

Hin Wong Bungalows
Die rustikalen, schon etwas betagten Holzhütten sind sehr geräumig und besitzen Veranden mit Seeblick. Eine der preisgünstigsten und freundlichsten Unterkünfte von Koh Tao. Ordentliches Restaurant, Kayak- und Schnorchelequipment-Verleih. (A-B)

Ao Ta Not

Der Ao Ta Not oder Tanote Beach ist ein paradiesisches Stück Land und Wasser, wird von massiven eindrucksvollen Felsen umgeben und ist die Kulisse für relaxte Stunden zum Sonnenbaden, Plantschen und Schnorcheln, bis zum stattlichen Riff und einem mächtigen Felsen ist´s nicht weit. Der Einstieg ins Wasser verläuft flach, wird dann aber relativ schnell richtig tief, so dass man gut schwimmen kann. Seine Abgelegenheit garantiert, dass der etwa 300 Meter lange Strand nicht von Badegästen „überflutet" wird.

Poseidon
Sehr spartanische Holzhütten, die schon in die Jahre gekommen, doch sauber und für den günstigen Preis ordentlich sind. Gemütliches Restaurant und ruhige entspannte Atmosphäre. Eigener Taxi-Service dreimal tägl. nach/von Mae Hat.

40 Moo 3, Tanote Bay,
Tel. 456734,
poseidonkotao@hotmail.com (B-C)

Ao Leuk

Hinter der nördlichen Landzunge der Bucht von Thien Ok liegt die paradiesische Bucht Ao Leuk, die zu den schönsten von ganz Koh Tao gehört. Weil der auffallend breite Strand (deswegen gibt´s auch nur bedingt Schatten durch Kokospalmen) nur über einen Trampelpfad oder per Boot zu erreichen ist, hält sich der Tourismus noch in Grenzen. Optimal für Schnorchler (zum nahegelegen Riff ist´s einfach zu schwimmen)!

Ao Leuk Bungalows
Einfache Holzbungalows, von denen die günstigeren nur Gemeinschaftsduschen bieten. Das Essen ist lecker, die Preise in Ordnung. Bootstransfer zum Pier inklusive. Günstiger Schnorchel- und Kayakverleih.

34/11 Moo 1,
Tel. (0)64 2363661 (B-C)

Ao Chalok Ban Kao

Mehr ein Strand zum Angucken denn zum ausgiebigen Baden. Die weite Flachwasserzone macht ihn zu einer immerhin idyllischen Stehbadewanne, hat aber hellen Sand, türkisfarbenes Wasser und tiefgrüne Hügel, dazu einige Strandbars mit Reggae-Musik, was ganz gut zur Laid-back-Atmosphäre passt.

Big Bubble Dive Resort
Es ist etwas verwirrend: Die Taraporn Bar und das Restaurant, die Taraporn Bungalows und View Point Bungalows gehören alle zusammen. Geboten werden große und saubere Bambuszimmer mit toller Aussicht. Die billigsten haben Gemeinschaftsduschen. Sehr zu empfehlen!

Tel. 456669,
bigbubbleofficial1994@gmail.com, (A-C)

Hat Sai Nual

Besteht aus einigen kleinen Stränden. Klein, aber fein.

Char Bungalows
Freundlicher Familienbetrieb hügelaufwärts bei den südlichen Klippen der Sai-Nual-Bucht. Die billigsten Zimmer haben keine Ventilatoren, nur Gemeinschaftsduschen und sind nicht im besten Zustand, die etwas teueren aber eine ausgezeichnete Wahl und bieten einen herrlichen Blick über die Bucht. Strom gibt es bis 23 Uhr, Schnorchelequipment für Gäste frei. Preiswertestes, doch oft kritisiertes Restaurant an diesem Strand. (B-C)

Essen auf Koh Tao

Anders als auf Koh Samui, wo an jeder Straßenecke Essensstände ihre Leckereien feilbieten, isst man auf Koh Tao entweder in der Bungalowanlage oder in Restaurants. Oft bieten sogar die allerkleinsten Unterkünfte etwas Essbares an, und sei es nur ein Teller Fried Rice oder ein Sandwich mit Thunfisch. Wer zwischendurch einen kleinen Snack will, sollte sich ein solches Sandwich, meist mit Pommes serviert, nicht entgehen lassen. Diese Kalorienbomben aus knusprigem Baguette, einer Mayopaste mit Thunfisch und ein paar Scheiben frischer Tomaten zur Gewissensberuhigung schmecken auf Koh Tao unwiderstehlich gut!

Ban Mae Hat

Far Out Café: Kleines, freundliches Café, das leckeres Frühstück und eine große Auswahl an Sandwiches serviert.

Flower Restaurant: im Zentrum des Strandes, daher leicht zu finden.

Ao Ta Not

Und wohin an der Ostküste? Ins **Poseidon**, das leckere vegetarische Gerichte zaubert.

Ao Chalok Ban Kao

New Heaven: auf der Bergspitze, daher was für Kletterfreunde. Nicht gerade billig, aber sehr gut. Nur abends geöffnet.

Nachtleben: Das Nachtleben spielt sich weitgehend in resorteigenen Bars und Restaurants ab oder unter Wasser beim Night-Diving. Angesagte Läden sind das zauberhafte Taraporn an der Südküste und der „Club", genannt Acs. Beliebt sind auch das Venus und die Museum Bar.

Yoga: Im Two View werden Yogakurse und Sessions angeboten, die den Anspruch haben, Teilnehmer in ihre früheren Leben zurückzuführen. Für wenig Geld kann man hier auch übernachten. 5-Tage-Kurse im Tian Chi Krung gibt's in den New Way Bungalows (Hat Sai Ree). Lehrer ist ein Australier, der in China trainiert hat und einen guten Ruf genießt.

Hochseeangeln: Am Pier von Ban Mae Hat kann man Boote mit entsprechender Ausrüstung mieten. Die Preise differieren je nach Größe und Ausrüstung der Boote sowie Dauer der Exkursion. Die Kosten reichen von 5000-10.000 THB pro Tag, deswegen sollte man ein paar Gleichgesinnte finden und die Tour gemeinsam machen und finanzieren. Was sich recht teuer anhört, ist im Vergleich zu ähnlichen Angeboten, z.B. auf den Seychellen oder Mauritius, ein guter Preis.

Wichtige Adressen: Die Post befindet sich in der Thong Nual Road, die einzige Bank (Mo.-Fr. 11-14 Uhr) auf der Insel am Ende des Piers. Außerdem gibt's zwei Geldwechselstuben in Ban Mae Hat (9-20 Uhr). Einige Tauchschulen versorgen Kunden ebenfalls mit Bargeld zulasten der Kreditkarte mit einem Aufschlag von fünf Prozent.

Ausflug: Koh Nang Yuan

Die kleine Insel Koh Tao bietet sogar ein fulminantes Ausflugsziel: Dicht vor ihrer Nordwestküste ragt Koh Nang Yuan aus dem Meer: drei pittoreske Felsmassive, die bei Ebbe untereinander durch betörend feine Sandbänke verbunden sind. Einst mussten hier politische Gefangene ihr Dasein fristen, umgeben von wunderbaren Korallen und kristallklarem Wasser. Taxiboote schippern Fahrgäste den ganzen Tag um die Insel. Die Bootsführer kennen die besten Plätze zum Schnorcheln und ankern überall dort, wo es ihren Klienten gefällt. Ein einsames Naturidyll sollte auf und um Koh Nang Yuan nicht erwartet werden. Es ist von Kayaks, Schnorchel- und Tauchbooten förmlich eingekesselt und mit Badegästen bis auf den letzten Liegestuhl belagert, auf den Inselchen gibt´s ein Kommen und Gehen. Man sollte keinerlei Plastik(-Verpackungen) mitführen. Leider kann man immer wieder Bootsführer dabei beobachten, wie sie den Müll, den ihre Kunden auf dem Boot zurücklassen, einfach ins Wasser werfen!

Wie die Insel ist ein Wanderweg bzw. sein Ziel mit einer (Eintritts-)Gebühr verbunden: der Koh Nang Yuan Viewpoint, der den kleinen Obolus allerdings allemal wert ist. Schließlich bietet er den Kodak-Point von Koh Tao, das meistfotografierte Motiv der Insel. Dazu muss aber ein gut 20-minütiger, teilweise steiler Pfad mit gesicherten Kletterpassagen erklommen werden.

Hinkommen: Eigenständig im Kayak oder mit den zahlreichen Booten, die Koh Nang Yuan Tag für Tag ansteuern, u.a. auch vom Hat Sai Ree.

Koh Tao: Hinkommen & zurück

Diverse Schiffsgesellschaften verkehren mit Schnellbooten (Katamaranen) und kleinen Schiffen zwischen Koh Samui, Koh Pha Ngan und Koh Tao.

Transport auf Koh Tao

Diverse Kayakvermieter, u.a. im Seashell Resort oder bei den Pranee Bungalows und am Ao Chalok Kao die Laemklong Bungalows. Günstige Fahrräder gibt's am nördlichen Ende des Sairee Beach, Motorräder (definitiv nicht zu empfehlen) gibt es ebenfalls zu mieten.

DOS AND DON'TS

... was zu beachten ist:

– Beim Mieten eines Motorrads ist es wichtig, sich den Standort des Lichtschalters zeigen zu lassen. Es kann vorkommen, dass man in der Dunkelheit zwischen Chaweng und Lamai auf unbeleuchteten Straßen festsitzt und den Lichtschalter verzweifelt sucht.
– Planen Sie ein romantisches Abendessen zu zweit mit Meerblick und exotischer Musik? Dann sollten Sie sicherstellen, dass im Restaurant kein lauter Fernseher läuft. Es ist frustrierend, den Abend unter dem Lärm eines Fernsehers zu verbringen, während Sie Ihren besonderen Tag feiern.
– Selbst für Langschläfer lohnt es sich, früh aufzustehen, um den Sonnenuntergang auf Koh Samui zu erleben. Nehmen Sie Ihren Musikplayer mit und schlendern Sie am Strand entlang, begleitet von einem streunenden Hund. Die Dämmerung bietet eine atemberaubende Kulisse mit wunderschönen Blautönen, während die Sonne spektakulär über dem Meer untergeht.
– Wie wäre es mit einem temporären Henna-Tattoo? Wenn Sie sich schon lange fragen, ob Sie ein dauerhaftes Tattoo wollen, können Sie sich am Strand aus einem Katalog ein temporäres Motiv aussuchen und es für wenig Geld auftragen lassen. Das Tattoo verblassen nach etwa zwei Wochen, und Sie können entscheiden, ob Sie sich ein dauerhaftes Tattoo stechen lassen möchten.
– Eine Ganzkörpermassage ist ein Muss, entweder in einem Salon (preisgünstiger) oder am Strand (etwas teurer). Selbst wenn die Masseurin weniger erfahren ist, ist eine Strandmassage empfehlenswert. Trotz der gelegentlichen Belästigung am Strand, wo man häufig nach Massagen oder Fußbehandlungen gefragt wird, sollte man sich für eine Strandmassage entscheiden. Die Preise liegen in der Regel bei rund 300 Baht, und das Feilschen ist erlaubt.
– Man legt sich unter eine Palme auf ein großes Tuch, schließt die Augen und genießt die Massage, während um einen herum andere Strandarbeiter plaudern. Es ist wichtig zu wissen, dass die Leute nicht über einen lachen, vielleicht wegen der Leibesfülle, da man sich im "Land des Lächelns" befindet. Wenn man sich auf die Hände der

Masseurin und die Geräuschkulisse konzentriert, wird die Massage zu einer meditativen Erfahrung, die man nie vergisst.

... und besser zu lassen ist:

– Wenn niemand Blumen schenkt, könnte Skelotene die Lösung sein. Skelotene ist das thailändische Äquivalent zu Autan, mit einem phänomenalen Duft, der nicht nur Moskitos, sondern auch jegliche anderen geruchssensiblen Lebewesen auf Abstand hält. Dieses praktische Mittel ermöglicht es Ihnen, Ihre Ruhe zu bewahren und ungestört zu bleiben, sei es in Ihrem Alleinsein oder wenn Sie Ihr Bett ganz für sich haben möchten.
– Für Raucher, die entschlossen sind, mit dem Rauchen aufzuhören, kann ein Ausflug an den Strand in Thailand zu einer Geduldsprobe werden, wenn Sie keine thailändischen Streichhölzer dabei haben. Das Anzünden einer Zigarette kann sich zu einer mühsamen Aufgabe entwickeln.
– Es ist wichtig, sich zurückzuhalten, wenn man einen großen Altersunterschied zwischen einem Europäer und einer jungen Thailänderin sieht. Das Empfinden über solche Beziehungen kann grenzenlos sein, aber es ist unhöflich, darüber zu lästern. Tatsächlich gibt es viele mögliche Gründe für diese Verbindungen, einschließlich einer Ehe oder persönlicher Vorlieben.
– Koh Samui hat mit Wasserknappheit zu kämpfen, daher ist es von großer Bedeutung, sparsam mit Wasser umzugehen. Statt stundenlang unter der Dusche zu stehen, sollten Sie in Erwägung ziehen, eine Runde im Meer zu schwimmen, was durchaus dem Samui-Lebensstil entspricht.
– Was das Schwimmen im Meer betrifft, so ist es wichtig zu beachten, dass auf Koh Samui und in Thailand im Allgemeinen züchtige Strandbekleidung erwartet wird. Nacktbaden ist undenkbar und wird als unhöflich angesehen, da es den Einheimischen zufolge als Gesichtsverlust betrachtet wird.
– Die Bezeichnung "Farang kee ngok!" wird oft auf Westler angewendet, die als geizig betrachtet werden. Auf der anderen Seite impliziert "kee ngok" Kleinlichkeit und Knickerigkeit. Um Missverständnisse zu vermeiden und die Gastfreundschaft der Einheimischen zu respektieren, ist es ratsam, großzügig und respektvoll zu sein, und nicht nur auf den eigenen Vorteil bedacht zu sein.

KLEINER SPRACHFÜHRER THAI

Da Thai eine tonale Sprache ist, kommt es darauf an, die richtige Tonlage zu treffen. Es macht nicht viel Sinn, diese für uns sehr melodiöse Sprache im Alleingang zu pauken. Trotzdem macht es natürlich immer einen guten Eindruck, wenigstens ein paar Brocken zu beherrschen. Und sei es nur dafür, um Samuianern, die man kennen lernt, respektvoll und achtsam zu begegnen und die Freude zum Ausdruck zu bringen, ein wunderbares Land kennen zu lernen.

Häufige Ausdrücke	
Wie geht's?	sabaai dii mai khrap?
Danke, gut.	sabaai di khrap.
Wie heißen Sie?	khun tschüü arai khrap?
Ich heiße ...	phom tschüü ...
Ich verstehe nicht.	phom mai khaudschai.
Auf Wiedersehen.	laa goon
Bis später	lääu phop gan na.
Viel Glück!	tschook dii na.
Vielen Dank!	khoop khun khrap
Wann?	müarai?
Warum?	thammai?
Wie weit?	glai thaurai?
Wieviel?	thaurai?
Wo?	thinai?
Woher?	dschak nai?
Wohin?	pai nai?
Welche Richtung?	thang nai?
arbeiten	tham ngaan
bezahlen	dschai ngön
essen	gin kaau

Wochentage	
Montag	wan chan
Dienstag	wan angkhan
Mittwoch	wan phut
Donnerstag	wan phruehat
Freitag	wan suk
Samstag	wan sao
Sonntag	wan athit

Zahlen	
1	nüng
2	soong
3	saam
4	sii
5	haa
6	hok
7	dschet
8	päät
9	gaau
10	sip
20	jii sip
100	nüng roi
1000	nüng phan

Reisen	
Abfahrt	ook
Ankunft	thüng
Flughafen	sanaam bin
Hotel	roong rääm
Dokumente	egasaan
Bus	rot thammadaa

REGISTER